Die Sorgen an den Nagel hängen

Moritzburger Festkultur im augusteischen Zeitalter

von Ralf Giermann

Herausgegeben vom
Schloss Moritzburg

im Michel Sandstein Verlag Dresden

»Zur Sommerszeit pflegen sich die großen Herren gemeiniglich auf ihre Lustschlösser und Jagdhäuser zu begeben, und daselbst mit Jagden und allerhand Arten der Lustbarkeiten zu divertiren. Es sind hierselbst gemeiniglich manche strenge Zeremonien, die man in den Residenzen bei Hofe verspüret, verbannet, und man spüret allenthalben mehr Freiheit und ungezwungenes Wesen (...) In Deutschland ist an vielen Höfen eingeführt, daß die Kavaliere bei der Herrschaft, auf den Landhäusern ohne Degen erscheinen, und wer aus Versehen einen Degen angesteckt, wird gemeiniglich mit einem großen Glas Wein bestraft.«

Was Julius Bernhard von Rohr, »Hochfürstlicher Sächsisch-Merseburgischer Land-Kammer-Rat und Domherr der Bischöflichen Stiftskirche zu Merseburg«, in seiner »Einleitung zur Ceremoniel-Wissenschaft der großen Herren« 1733 verallgemeinernd beschreibt, finden wir am kurfürstlich-sächsischen und königlich-polnischen Hof bestätigt. Der von 1694 an regierende August der Starke, ab 1697 König August II. von Polen, plante die Errichtung mehrerer Lustschlösser in unmittelbarer Umgebung der Residenz Dresden. In einem Konzeptentwurf aus dem Jahre 1716 setzte er die Schlösser untereinander in thematische Beziehung und wies ihnen eine konkrete Bestimmung innerhalb eines funktionellen Ensembles zu. Jahre später wurde dieser Plan in bescheidenerem Umfang als ursprünglich vorgesehen realisiert. Abgesehen von Schloss Hubertusburg, das der Sohn und Nachfolger König August III. bis zum Ausbruch des Siebenjährigen Krieges (1756–1763) durch monatelange Verlegung des gesamten Hofes in den Rang einer zeitweiligen Residenz erhob, war neben Pillnitz vor allem Moritzburg in den Regierungszeiten Augusts II. und Augusts III. – als augusteisches Zeitalter bezeichnet – das bevorzugte und am häufigsten genutzte Landschloss.

Beide Könige nutzten das Schloss, um sich mit ihren Gästen und der Hofgesellschaft bei Jagden, sportlichen Schießwettkämpfen, Theater- und Musikaufführungen sowie anderen Vergnügungen zu unterhalten. Sie kamen, um sich der *»gesunden Luft wegen, gerne öfters zu recreiren* (erholen)«. Insbesondere August II. diente Moritzburg als ein Ort ganz im Sinne Julius Bernhard von Rohrs: *»Je schwerer die Regimentslast, die großen Herren bei Beherrschung ihrer Länder auf dem Halse lieget, je mehr Erquickung und Ergötzlichkeit haben sie auch vonnöten.«* In Moritzburg lief das Hofleben mit sichtlich gelockerter Etikette weiter, konnte die Last der Repräsentationsverpflichtungen wenn auch nicht gänzlich abgeworfen, so doch gemildert werden, durfte der König privat sein, sofern man von einem König als einer öffentlichen Person überhaupt davon sprechen kann. Moritzburg war für August II. ein Refugium, das die Hofpoeten *»insula fortunata«*, die »glückselige Insel« nannten – mit dem Schließen der seinerzeit noch vorhandenen Zugbrücke ließ sich diese tatsächlich schaffen.

FRONTISPIZ
Festsaal von Schloss Moritzburg mit Meissener Porzellanservice

LINKE SEITE
Trinkgefäß in Gestalt eines Mohrenkopfes, Christoph Jamnitzer, Nürnberg, um 1595 bis 1600 oder um 1602 (?), von 1811 bis 1945 im Schloss Moritzburg, davor im Schloss Lichtenburg, heute München, Bayerisches Nationalmuseum

Es war einmal...

Zahlreiche Aufenthalte Augusts II. fallen noch in die Zeit vor dem barocken Umbau des alten Jagdhauses Moritzburg, welches der Herzog und spätere Kurfürst Moritz in der Mitte des 16. Jahrhunderts im wildreichen Friedewald hatte errichten lassen. Am Beginn der kurfürstlichen Herrschaft stehen zwei Feste für die erste offizielle Mätresse, Maria Aurora Gräfin von Königsmarck, deren Schilderung sich wohl nur mit den Worten *Es war einmal* beginnen lässt, ist doch keiner der beiden Besuche bisher archivalisch belegbar. Nur durch nachträgliche literarische Darstellungen wissen wir von ihnen. Von einem der beiden Feste berichtet Karl Ludwig Wilhelm Freiherr von Pöllnitz, Schriftsteller und Abenteurer, als Spielgefährte und Mitschüler des nachmaligen Königs Friedrich Wilhelm I. von Preußen am Berliner Hof aufgewachsen und später Kammerherr und Oberzeremonienmeister bei Friedrich II. Sein 1734 auf französisch und ein Jahr darauf auf deutsch erschienenes Buch über die erotischen Beziehungen Augusts des Starken wird von einem Zeitgenossen des Schriftstellers verteidigt. Der königlich-preußische Geheime Rat Johann Michael von Loen bescheinigt »La Saxe galante« eine gewisse Glaubwürdigkeit. Es sei »*mitnichten als ein bloßer Roman*« zu betrachten, es fänden sich »*sehr viele Wahrheiten*« über den sächsischen Hof darin.

Nach Pöllnitz' Bericht folgten Aurora von Königsmarck und die sie begleitenden Damen der Einladung des Kurfürsten nach Moritzburg in Reitkleidern, als Amazonen kostümiert. Die Amazonen sind in der antiken Mythologie ein kriegerisches Frauenvolk, das Männer aus ihrer Gesellschaft ausschließt. Sie huldigen der Jagdgöttin Diana und weihen ihr gewaltige Tempel. »*Als sie in den Moritzburger Wald gekommen waren, sahen sie ein herrliches Schloß. Der Wagen hielt, um ihnen Zeit zu lassen, dieses prachtvolle Bauwerk zu bewundern. Auf einmal öffnete sich die Pforte, und heraus trat Diana, von Nymphen umgeben. Sie begrüßte Fräulein von Königsmarck mit einer Anspielung auf ihren Namen* (Aurora ist die römische Göttin der Morgenröte), *und als ob sie diese Göttin wäre, lud sie sie in ihren Palast ein, dort die Huldigungen der Waldgottheiten entgegenzunehmen.*« Die theatralische Inszenierung von Hoffesten mit Stoffen aus der griechisch-römischen Mythologie entsprach der Mode der Barockzeit. Das gebildete adlige Publikum kannte die antiken Götter, Heroen, Natur- und sonstigen Gestalten und wusste um ihre symbolische Bedeutung. Der Kurfürst empfing die Damen im Schloss als Pan, umgeben von Faunen und anderen Waldgöttern, und lud sie ein, sich mit ihm zur Tafel zu setzen. Pan ist der Gott der Hirten und Herden, er gilt als der große Verführer, der, wenn auch meist vergebens, den Nymphen nachstellt. Den Jägern hilft er, ihre Beute zu finden. Sein Aufenthaltsort ist die unberührte Natur. »*Wie viel Schmeichelhaftes sagte ihr dieser Gott! Wie eifrig war er, sie zu bedienen! Welche Mühe gab er sich, ihr zu gefallen und sie von seiner Leidenschaft zu überzeugen! Tausendmal flüsterten sie einander zu: »Wie lieb Sie sind! Wie ich Sie liebe! Ich werde Sie ewig lieben!*« Nach der Tafel schlossen sich die Damen einer improvisierten Hirschjagd an. In Gondeln folgte man dem sich in einen Teich flüchtenden Hirsch und sah zu, wie dieser von den Jägern erlegt wurde. Auf einer Insel im Teich stand ein türkisches Zelt. *»Während man noch die Schönheit des Zeltes bewunderte, traten 24 reich gekleidete junge Türken ein und boten in großen silbernen Körben Erfrischungen an. Gleich darauf kamen aus einem anderen Zelt Haremswächter, in deren Mitte der Sultan, strahlend von Juwelen.«* Es war erneut der Kurfürst, der Aurora von Königsmarck empfing, dieses Mal als Sultan verkleidet, und der sich mit ihr eine Zeitlang durch türkische Tänze unterhalten ließ. Ins Schloss zurückgekehrt, erschien Aurora zur Aufführung von »Psyche und die Nymphen« in einem vom Kurfürsten geschenkten Kleid. Nach der Theatervorstellung war erneut Tafel. *»Fräulein von Königsmarck fand auf ihrem Teller ein Diadem aus Diamanten, Rubinen, Smaragden und Perlen, das sie als Königin des Balles bezeichnete, den sie nach der Tafel mit dem Kurfürsten eröffnete. Alle Blicke richteten sich auf das schöne Paar, und die Damen wünschten sich einen Liebhaber, wie es der Kurfürst war, die Herren eine Geliebte, wie Fräulein von Königsmarck (...)«* Das Ende der Geschichte darf unerzählt bleiben, wir können es uns denken.

Kurfürst August der Starke, Moritz Bodenehr, 1696, SächsHStA Dresden

Die Ereignisse des zweiten Festes für die Gräfin führt uns die Darstellung eines Unbekannten aus dem Jahre 1837 vor Augen. Auf der Fahrt ins Jagdschloss folgte der kurfürstlichen Kutsche ein anderer Wagen *»in Gestalt einer Marmormuschel, glänzend in Gold und Himmelblau, inwendig mit himmelblauem Samt ausgeschlagen und mit echten Goldtressen ausgeschmückt. Sechs Falben zogen ihn, im prächtigsten Geschirr. Ein edler Sarmat* (Pole) *in der reichen, weiten Nationalkleidung seines Volkes lenkte die Zügel, und in dem Wagen saß des Festes Königin, schön, wie der junge Morgen – die junge Gräfin Aurora von Königsmarck«*. Wieder setzte man sich sogleich zur Tafel: *»Das Köstlichste, was die Erde, soweit man sie kannte, gab, geben konnte, wurde von der Hand schöner, als junge Türken und Sarmaten gekleideten polnischen und sächsischen Edelknaben auf Goldtellern kredenzt, und die Goldpokale, welche künstlich getrieben, bald Eber und Elefant, bald Schwan, Pfau und Hirsch, bald Türken- und Mohrenköpfe und andere künstliche Figuren darstellten, boten heute die schönsten Weine der Erde.«* Zum Dessert wurde eine riesige Pastete gereicht, die von vier Bediensteten getragen werden musste. Als Aurora den

Deckel der Schüssel abhob, entstieg ihr der Hofzwerg und brachte einen Toast auf den Kurfürsten und seine Geliebte aus. Bei anschließender Gondelfahrt und Fischzug wurde ein außergewöhnlich großer Fisch gefangen, der im Maul einen mit Edelsteinen besetzten Ring mit den Initialen Auroras trug. – Soweit die Legenden. Ein monumentales Gemälde im Billardsaal von Moritzburg könnte den Moment vor der Überreichung des Ringes an die Geliebte festhalten, und somit der eben erzählten Geschichte Glaubhaftigkeit verleihen. Das Bild wurde zusammen mit

Festlichkeit an einem der Moritzburger Teiche mit August dem Starken (König August II. von Polen), Maria Aurora Gräfin von Königsmarck (?) und Hofnarr Joseph Fröhlich, Lorenzo Rossi (?), um 1730, Schloss Moritzburg

RECHTE SEITE
Maria Aurora Gräfin von Königsmarck in Begleitung ihrer türkischen Pflegetochter Fatime (?) und der Witwe eines Oberstes Wrangel (?), Heinrich Christoph Fehling, um 1695 (?), SKD, Gemäldegalerie Alte Meister, Leihgabe im Schloss Moritzburg

fünf Jagdszenen um 1730 wohl von dem Venezianer Lorenzo Rossi unter Beteiligung seines Landsmannes Giovanni Battista Grone auf die lederne Wandbespannung des Saales gemalt. Der Kurfürst erscheint hier in der Tracht eines polnischen Edelmannes. Bei der Dame an seiner Seite könnte es sich um Aurora von Königsmarck handeln, wohingegen die Authentizität des Mannes im Vordergrund mit dem steirisch spitzen Hut und der Eule in der Hand gesichert ist. Joseph Fröhlich erhielt im Herbst 1727 seine Anstellung bei König August II. als kurfürstlich-königlicher Hoftaschenspieler und kurzweiliger Rat. Somit überlagern sich auf diesem Gemälde unterschiedliche geschichtliche Zeitebenen. Vielleicht sollte das Bild dem König dazu dienen, die Erinnerungen an seine glücklich verbrachten Jugendtage wach zu halten, denn sind zwar die Feste mit Aurora von Königsmarck in Moritzburg nicht belegt, gibt es doch an der Liebesbeziehung des jungen Kurfürsten zu der Gräfin keinerlei Zweifel.

Maria Aurora von Königsmarck war die Tochter eines schwedischen Militärs. Sie entstammte einer Familie, die in der Mitte des 17. Jahrhunderts zu europäischem Rang mit großem Einfluss aufgestiegen war, am Ende des Jahrhunderts durch den Verlust zahlreicher Güter jedoch in schwierige finanzielle Lage geriet. Als Maria Aurora im August 1694 in Begleitung ihrer türkischen Pflegetochter Fatime und der Witwe eines Obersts Wrangel an den sächsischen Hof nach Dresden kam, war sie 32 Jahre alt, eine schöne und gebildete Frau von Welt, die dichtete und fünf Sprachen fließend sprach. Sie kam, um vom Kurfürsten Unterstützung bei der Suche nach ihrem verschwundenen Bruder Philipp Christoph zu erbitten. Der Kurfürst hatte den Grafen auf seiner Kavalierstour kennen gelernt und sich mit ihm angefreundet. 1694 trat Philipp Christoph von Königsmarck als Generalleutnant in kursächsische Dienste. Anfang Juli desselben Jahres ermordete man ihn in Hannover wegen seiner Affäre mit Sophia Dorothea, Gemahlin des Hannoveraner Erbprinzen Georg Ludwig.

Zu ersten Gerüchten über ihre angebliche Liebesbeziehung zum Kurfürsten schreibt Aurora von Königsmarck am 20. September 1694 an einen Freund in Hamburg: »*Weiß man denn nicht, daß der Herr Kurfürst die Frau Kurfürstin liebt und verehrt und alles andere Bagatelle ist? Ich glaube nicht, daß man die türkische Mode einführt; die Damen würden sich auch schwerlich dazu entschließen, selbst wenn die Männer es wollten.*« Doch beim Karneval des darauf folgenden Jahres war sie die Favoritin, und als der Kurfürst Anfang Mai 1695 in die Bäder nach Karlsbad reiste, begleitete sie ihn. Allerdings trat Monate später ein Umstand ein, welcher es Maria Aurora unmöglich machte, am sächsischen Hof zu bleiben. So hatte die Gräfin Dresden längst verlassen, als der Kurfürst im Spätherbst 1696 von seinem zweiten Ungarnfeldzug gegen die Türken zurückkehrte, in dem er als Oberbefehlshaber die kaiserliche Armee angeführt hatte.

Hochzeit

Aurora von Königsmarck besaß die Diskretion, den Kurfürsten nicht der Peinlichkeit auszusetzen, gleichzeitig mit dem ehelichen Nachkommen die Geburt eines außerehelichen Kindes von einer Mätresse zu erwarten, denn seine Gemahlin Christiane Eberhardine war ebenfalls hochschwanger. Die Gräfin hatte die Weitsicht zu erkennen, dass in Dresden kein Platz mehr für sie war. So wurde ihr Sohn am 28. Oktober, drei Wochen nach dem ehelichen Thronfolger, fernab der sächsischen Residenz im niedersächsischen Goslar geboren. In der Taufe erhielt der Knabe den bezeichnenden Namen Moritz. Der König bestimmte ihn für die militärische Laufbahn und schickte ihn bereits als Zwölfjährigen 1709 auf einen ersten Feldzug nach Flandern, wo er im verbünde-

Moritz Graf von Sachsen, Marschall von Frankreich, Jean Marc Nattier, 1720, SKD, Gemäldegalerie Alte Meister

ten Heer gegen Frankreich kämpfte. Mit Erlaubnis des Königs trat Moritz 1720 in französische Militärdienste und erreichte das, was seinem Vater stets versagt geblieben war, militärische Erfolge und Ehren. Nach zahlreichen Siegen für Frankreich begründete Moritz seinen Ruhm als Feldherr endgültig mit der Eroberung Prags im Jahre 1741, wurde zum Marschall von Frankreich ernannt und bald darauf zum Generalfeldmarschall, dem höchsten militärischen Dienstgrad. Ludwig XV. von Frankreich schenkte ihm das Schloss Chambord an der Loire, wo Moritz von Sachsen 1750, hoch geehrt, starb. Als »*Lehrer aller Generale von Europa*« pries ihn Friedrich der Große von Preußen. Nach der Rückkehr des Jünglings aus dem ersten Feldzug Anfang 1711 erkannte August II. ihn als seinen leiblichen Sohn an und erhob ihn in den Grafenstand. Ohne diese Legitimation hätte Moritz sich wohl nicht in das Moritzburger Willkommenregister einschreiben können, was vermutlich während des Aufenthaltes am 4. März 1711 geschah.

Mit der Aufnahme in das Gästebuch, welches man gewöhnlich kurz vor dem Aufheben der Tafel zum Einschreiben herumreichte, war das Trinken aus einem der zahlreichen Willkommenpokale verbunden. Diesen Brauch führte Kurfürst Johann Georg III. von Sachsen nach *»glücklicher Hereinkunft von Eroberung der Stadt Mainz«* im Oktober 1689 mit dem Anlegen eines ersten Willkommenregisters in Moritzburg ein. Im Laufe der Zeit musste dieses noch um zwei weitere grünsamtene Bände erweitert werden. Dem hochrangigen Gast wurde bei seinem erstmaligen Besuch im Schloss ein Willkommenpokal verbunden mit der Erwartung gereicht, diesen völlig zu leeren, ungeachtet des oft beträchtlichen Fassungsvermögens eines solchen Gefäßes. Den Hauptpokal bildete die natürlich gewachsene, becherartig gehöhlte Krone einer Rothirschgeweihstange. Sehr beliebt an allen deutschen Höfen waren Trinkgeschirre in Tiergestalt, deren abnehmbare Köpfe den Pokaldeckel bildeten, und Scherzgefäße, die erst nach vollständigem Leeren abgestellt werden konnten. In Moritzburg befanden sich einst ein Bär, ein Eber, ein Hirsch und eine Ente sowie später zwei Sektgläser mit silbervergoldeten Windmühlen anstelle des Fußes. Zwei gläserne Willkommen, wohl anlässlich der Vermählung des Kurfürsten Christian II. von Sachsen mit Hedwig von Dänemark im Jahre 1602 gefertigt, waren mit Wein gefüllt, einst dem Brautpaar geschenkt worden. Die Eheleute reichten die Gläser an die Gäste weiter, damit diese auf ihre Gesundheit tranken. Einer dieser beiden Willkommen, der sich noch heute in Moritzburg befindet, fasst rund 2 ¾ Liter. Aus welchem der Pokale Moritz von Sachsen das erste Mal trinken durfte, ist nicht überliefert. Im Willkommenregister hält der 14-jährige fest, dass er nach dem Leeren großer Gläser zu Boden gesunken sei. Auf den Punkt brachte es einige Jahre später der sächsische Kammerherr Johann Georg von Carlowitz, als er 1720 nach dem Austrinken gleich mehrerer Willkommengefäße ins Buch schrieb: *»Unser gnädigster Herr lebe lang! Moritzburger Willkommen sind mein Untergang.«*

Churfürstl: Sächß: Moritzburg: Willkoms Register
Unterschiedlicher Chur: Fürstl: Hohen Standts: und anderer Persohnen so auff den Churfürstl: Schloße Moritzburgk den Willkomm außgetruncken Angefangen.
Nach Sr: Churfürstl: Durchl: zu Sachßen Hertzogk JOHANN GEORGEN des Dritten Glücklicher Hereinkunfft von Eroberung der Stadt Maynz. Mens: Octobr: 1689.

Willkommenregister von Schloss Moritzburg, Titelseite, Verbleib unbekannt

Mit 17 Jahren wurde Moritz von seinem Vater verheiratet. Ein königliches Reskript vom 1. März 1714 erklärte ihn und seine 15-jährige Braut »*wegen ihrer beiden Uns Selbst bekannten guten Aufführung*« für mündig, »*ohngeachtet von ihnen die nach Unsern Rechten zu der Majorität gehörigen Jahre noch nicht erreicht worden*«. Sehr begeistert kann Moritz über diese Entscheidung des Vaters jedoch nicht gewesen sein, stellte doch nach seiner Auffassung eine Ehefrau ein »*nutzloses Möbel für einen Soldaten*« dar. Nichtsdestotrotz versprachen Braut und Bräutigam zehn Tage später im Ehevertrag »*kräftig und unwiderruflich, daß sie sich einander Zeit ihres Lebens ehelich, ehrlich und herzlich lieben wollten*«. Die Auserwählte, Johanna Victoria Tugendreich von Loeben, gehörte einer der ältesten und ansehnlichsten Familien Schlesiens und der Lausitz an. Sie blieb die einzige Tochter des 1706 verstorbenen Ferdinand Adolf von Loeben, einem der reichsten Grundbesitzer Sachsens, und war somit Alleinerbin eines der größten privaten Vermögen dieses Landes. Die Hochzeit von Moritz und Victoria fand am 12. März 1714 in Moritzburg statt. Für die fünf Tage dauernden Feierlichkeiten waren zahlreiche Fenster- und Türvorhänge, Spiegel, Spieltische, Leuchter, Feldbetten einschließlich Matratzen, Bettzeug und Nachtstühlen, sowie vier Dutzend Sitzmöbel hinausgeschafft worden. Schon am 13. Februar hatte der König Befehl gegeben, die Räume auch mit zusätzlichen Gemälden zu schmücken. Auf zwei Pferdewagen brachte der Oberhofmaler Heinrich Christoph Fehling »*eine Anzahl Schildereien*« nach Moritzburg. Unter den Gästen, von denen das Protokoll 19 Damen und 27 Herren der Hofgesellschaft zählte, befanden sich die derzeitige Mätresse des Königs, Maria Magdalena Gräfin von Dönhoff, sowie die Mutter des Bräutigams, Aurora von Königsmarck, seit 1710 Pröpstin des Frauenstifts in Quedlinburg. Seit der Trennung pflegte August der Starke zu ihr ein konziliantes und bisweilen wohl auch freundschaftliches Verhältnis.

Am Tag der Trauung versammelten sich alle um 18 Uhr in dem Raum, der als Tafelzimmer für die polnischen Damen vorgesehen war. Bevor man zur Trauung in das große Tafelgemach schritt, wurde der Tafelsitz ausgelost. Beim Verlassen des Rau-

OBEN
Willkomm von Schloss Moritzburg, Rothirschgeweihstange, erstmals 1571 erwähnt, Schloss Moritzburg

UNTEN
Willkommen von Schloss Moritzburg in Tiergestalt, Verbleib unbekannt

Willkomm von Schloss Moritzburg, sächsisch-böhmisches Erzgebirge, 1602, 1992 stark zerstört und nicht vollständig aus dem Schlossteich geborgen, Schloss Moritzburg

mes feuerten neun Kanonen Salutschüsse ab, dazu gaben Pauker und Trompeter, im Erdgeschoss stehend, Signal. Den Anfang des Zuges bildeten vier königliche Pagen mit weißen Wachsfackeln, gefolgt vom Brautpaar und den Gästen nach dem Los. Als sich alle vor ihren Stühlen aufgestellt hatten, führte der Bräutigam, entgegen dem sonst üblichen Zeremoniell, seine Braut selbst zum Altar, wo der Prediger wartete. Das Trauzimmer war mit zahlreichen Kerzen erleuchtet, als Traualtar diente ein mit rotem Samt belegtes Podest, an dessen Ecken vier Kerzenleuchter standen. Das Ende der Trauung verkündeten wiederum neun Kanonenschüsse. Pauker und Trompeter zeigten den 40 bereitstehenden Kadetten an, dass sie sich zum Auftragen der Speisen in der Küche zu versammeln hätten. Bis serviert worden war, blieben alle Gäste im Trauzimmer. Als die Kanonen ein drittes Mal feuerten, schritt man unter Pauken und Trompeten hinter vier Pagen durch die Marschallstube, wo das Buffet stand, in den eigens für dieses Fest erbauten Komödiensaal.

Die Haupttafel für 38 Personen hatte die Form eines lateinischen »A«. Es wurde nicht serviert, nur dem König das Getränk durch einen Kammerherrn kredenzt. Vier Kammerjunker arbeiteten als Vorschneider. Beten musste jeder vor und nach der Tafel für sich selbst, da der Prediger gleich nach der Trauung zurück nach Dresden gefahren war. An Getränken standen für die Gäste in Reihenfolge der Wertschätzung bereit: 30 Flaschen Tokaier, 6 Flaschen Champagner, 3 Maß Mosel-, 24 Maß Rhein- sowie 18 Maß Landwein, weiterhin 10 Flaschen Sekt, 24 Maß Weiß- und 30 Maß Braunbier, das Maß zu rund 0,94 Liter. Für jeden gab es zudem zwei Semmeln und ein halbes Brot.

Während der Tafel fand die Aufführung einer französischen Komödie statt. Nachher begaben sich alle Gäste vorübergehend wieder ins Trauzimmer, da die Tafel weggeräumt und der Fußboden des Saales zum Tanzen mit rotem Teppich ausgelegt wurde. Bei den Ehrentänzen verzichtete man auf das Vortanzen des Hofmarschalls, nur jeweils zwei Kammerherren mit weißen Wachsfackeln begannen und endeten. Der König führte seine Tischpartnerin, die polnische Woiwodin von Culm. Im Anschluss wurde *»ordinaire«* getanzt. Zum Ende der Hochzeitsfeier geleitete man Braut und Bräutigam unter drei mal 24 Salutschüssen in ihr Brautzimmer, *»und nachdem sie sich zu Bette begeben, nochmals drei mal vierundzwanzig Kanonen abgefeuert und mit diesen der heutige Tag beschlossen«*.

Am nächsten Abend ging ein einstündiges Feuerwerk der Tafel voraus, bei dem die Initialen des Brautpaares M. S. J. L. in *»weißem Feuer«* aufleuchteten. An der Tafel wurde der Braut der Strohkranz überbracht, ein scherzhaft-frivoles Hochzeitsgeschenk als Zeichen für den Verlust der Jungfräulichkeit. Der kleine Trauerzug bestand u.a. aus vier königlichen Pagen mit Fackeln, Musikern, die eine *»betrübte Melodie«* spielten, dem Kammerherrn von Bomsdorf in schwarzer Trauerkleidung sowie zwei weiteren Kammerherren, die den Strohkranz trugen. Nach

NÄCHSTE SEITE
Trinkspiel, Dresden, um 1710. Anstelle des Fußes befindet sich eine silbervergoldete Windmühle, deren Flügel durch ein Blasrohr in Bewegung gesetzt wurden. Bevor die Flügel wieder stillstanden, musste das Glas geleert sein, erst dann konnte es abgesetzt werden. Früher im Schloss Pillnitz und im Schloss Moritzburg, heute Berlin, Kunstgewerbemuseum, Staatliche Museen zu Berlin

der Strohkranzrede setzten diese erst der Braut und dann dem Bräutigam den Strohkranz auf. Daraufhin trank das Paar aus einem vom Hofmarschall Freiherrn von Seiffertitz überreichten großen Gesundheitsglas. Auch dieser Abend endete mit Tanz.
Den folgenden Tag zogen mehr als 50 Paar Bauernknechte und -mägde aus Moritzburg zu Wagen musizierend ins Schloss und tanzten zur Unterhaltung der Hochzeitsgäste im Komödiensaal. In der Zwischenzeit liefen die Vorbereitungen zu einem beliebten Volksspiel. Man richtete im Schlossgelände einen rund 35 Meter hohen Mast, den so genannten »Hahnenbaum«, auf und bestrich diesen mit Öl. An dessen Spitze waren auf Querbalken ein lebendiger Hahn angebunden sowie vier Ellen schwarzes und graues Tuch, 13 Ellen gelbes und acht Ellen rotes Band, ein paar Kalbsfelle, eine Trommel mit Klöppel, ein schwarzer Hut, eine Bierkanne aus Holz sowie 14 Taler in bar befestigt. Keinem der Anwesenden gelang es an diesem Tag jedoch, den Mast zu erklettern. Erst der am nächsten Tag aus Wilsdruff geholte Vogelsteller Christian Friedrich schaffte es.
Die verbleibende Zeit bis zur Abreise am 17. März vertrieb sich die Hofgesellschaft mit Büchsen- und Armbrustschießen auf Scheiben. Der König jagte noch in der Nähe von Coswig, bevor auch er nach Dresden zurückkehrte.
Die Ehe zwischen Moritz und Johanna Victoria verlief unglücklich. Ihr beider Sohn August Adolf, am 21. Januar 1715 geboren, starb bald darauf. Sechs Jahre später, nachdem Moritz bereits seit rund einem Jahr in französischen Diensten stand, wurde die Ehe geschieden. 1724 heiratete Victoria den späteren kurfürstlich-sächsischen Oberstleutnant Friedrich Wilhelm von Runckel.

»Die Sorgen an den Nagel hängen«

Am 12. Mai 1718 richtete Maria Magdalena Gräfin von Dönhoff in ihrem Garten in Fischersdorf bei Dresden die Feier zum 48. Geburtstag des Königs aus. August II. hatte das Grundstück wenige Wochen zuvor käuflich erworben und es seiner Mätresse geschenkt. Oberlandbaumeister Matthäus Daniel Pöppelmann entwarf für diesen Tag die Festdekoration, einen *»der Tugend und der Ehre seiner Majestät«* geweihter Tempel. Im Inneren des provisorischen, mit Laubwerk geschmückten Pavillons standen die abendlichen Tafeln, für die Kapellmusiker war eine Empore eingerichtet worden. Die Gastgeberin habe nichts gespart, sagt Pöppelmann in einer französisch verfassten Widmung an die Gräfin, um den Tag so prächtig und feierlich wie möglich zu gestalten. Alle eingeladenen jungen Damen erschienen als Schäferinnen. In weißen mit Blumen geschmückten Kleidern, mit Kränzen auf dem Kopf und Hirtenstäben in der Hand, warteten sie dem König und seinen Gästen bei der Tafel auf, nachdem im Garten eine italienische Komödienvorstellung den Auftakt des Festes gegeben hatte. Allerdings endete der Abend unschön in einer maßlosen Sauferei, wie einer der Geladenen, Johann Michael von Loen, später berichtet. Loen fragt sich, ob es möglich sei, *»daß man die Lust so weit treiben kann?«*

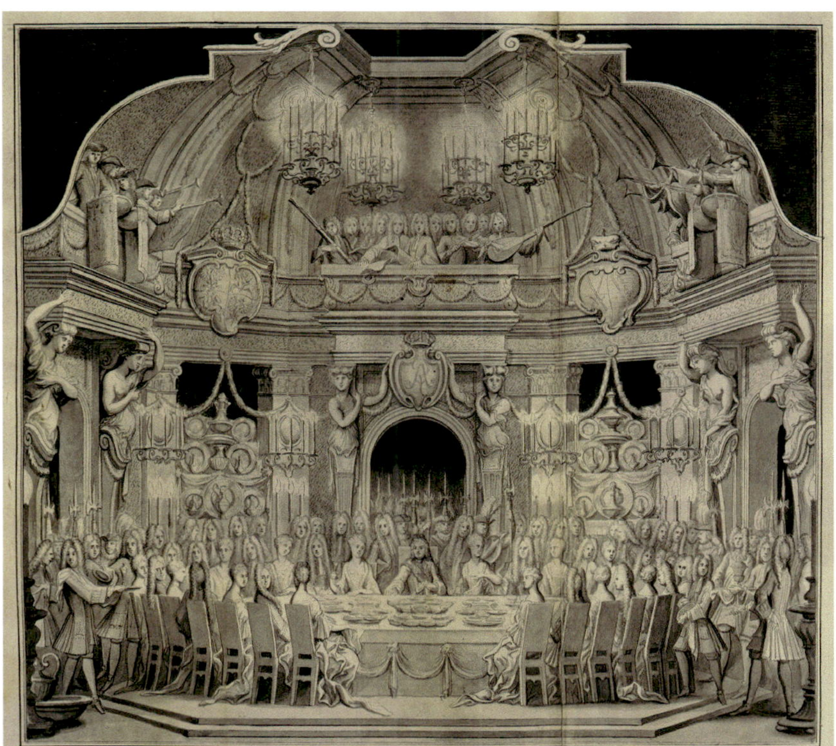

Abendliche Festtafel zum 48. Geburtstag König Augusts II. von Polen am 12. Mai 1718, Johann Friedrich Wentzel, 1718, SLUB

Maria Magdalena Gräfin von Dönhoff, Ádám Mányoki, um 1718, Karlsruhe, Staatliche Kunsthalle

Maria Magdalena von Dönhoff war eine Tochter des 1713 verstorbenen polnischen Großkronmarschalls Kazimierz Ludwik Graf von Bieliński und der Maria Ludwika Morsztynowna. 1698 heiratete sie Boguslav Ernst Graf von Dönhoff, Erzkämmerer von Litauen. Zusammen mit einigen anderen polnischen Damen und Kavalieren kam sie Ende Januar 1714 in die sächsische Residenz, vier Wochen nach der Rückkehr des Königs von seinem Polenaufenthalt. Mätresse des Königs blieb Maria Magdalena von da an bis 1719. Danach ging sie eine zweite Ehe mit dem kursächsischen General der Kavallerie Jerzy Ignacy Fürst von Lubomirski ein.

Kurfürst August der Starke (König August II. von Polen), Ausschnitt, Louis de Silvestre, 1718, SKD, Gemäldegalerie Alte Meister

Für die Geburtstagsfeier revanchierte sich König August II. bei seiner Favoritin ein Vierteljahr später mit einer Einladung zu einem dreitägigen Sommerfest im Jagd- und Lustschloss Moritzburg. Anlass war das Fest Mariä Himmelfahrt am 15. August, das mit einiger Großzügigkeit als *ein* Namenstag der Dönhoff aufgefasst werden konnte.[1] Der König fuhr bereits am 12. August hinaus aufs Land, um die Vorbereitungen für den bevorstehenden Besuch zu überwachen, entstammte doch das Programm für diese Tage seiner Feder. An diesem und dem folgenden Tag errichteten über 100 Händler ihre Stände und Boutiquen im Schlosshof und

1 Der Namenstag Maria Magdalenas ist der 22. Juli.

um das Schlossareal herum, wo sie Speisen, Getränke und andere Waren preiswert anboten. Wegen des zugleich stattfindenden jährlichen Jahrmarktes zu Mariä Himmelfahrt strömte die Bevölkerung zahlreich nach Moritzburg und Eisenberg. Für die Zeit des königlichen Besuches wurden deshalb 200 Mann von der Garnison aus Dresden abkommandiert, um *»das Volk am Eindringen ins Schloss zu hindern«*. Bis zum Beginn des Festes am 14.8. ordnete August II. *»das eine und andere«* noch an, inspizierte das provisorisch erbaute Lusthaus am Ufer des Schlossteiches, übergab den Verantwortlichen für die Lustschifffahrt einen Ablaufplan, ließ abends etliche Feuerwerkskörper ausprobieren und testete die Echowirkung der Kanonenschüsse, die das Feuerwerk einrahmen sollten, sah ferner bei der Generalprobe der Oper zu.

Da sich an brauchbarem Inventar nur etwa 40 Betten und rund 50 Stühle im Schloss befanden, musste, wie bereits vier Jahre zuvor, zahlreiches Mobiliar entweder repariert oder zusätzlich aus Dresden herangeschafft werden. Auch ein neuer zweiter Hauptschlüssel wurde benötigt, der alte war zerbrochen. Für die Beköstigung der Hofgesellschaft hatte der König allein an Wildbret bestellt: 14 *»feiste«*, also fette Hirsche, 17 Wildkälber, 18 Rehe, 54 Hasen, 40 Fasane und 95 Rebhühner. Der Gastwirt Schimmel garantierte vertraglich die Verpflegung der Künstler. Diese bestand für das Mittagessen aus einer Suppe, einem Fleischgericht, Frikassee oder Ragout, zweierlei Gebratenem, Salat, einem Körbchen mit Backwerk und frischem Obst, Brot; abends sollte eine kalte Schale, Frikassee oder gekochtes Fleisch, Braten, Salat, ebenso Gebackenes und frisches Obst sowie Brot serviert werden. Zu trinken gab es Bier, jedoch nur während des Essens. Wer es wünschte, konnte zusätzlich ein Maß Wein bekommen.

Am 14. August um 14 Uhr trafen dann die Gäste aus Dresden ein, rund 60 Personen, unter ihnen Aurora von Königsmarck und Moritz Graf von Sachsen. Über dem Eingang zum Schloss hatte der König eine Tafel anbringen lassen, die auf französisch kundtat, dass Anmut, Lachen, Vergnügen und amouröse Abenteuer hier einträchtig miteinander herrschen würden. Bacchus, der Gott des Weines, sei im Einvernehmen mit ihnen, um alle Wünsche zu erfüllen. Kummer und Neid sollten dagegen von diesem Ort ferngehalten werden.

Für Wohlbefinden und Unterhaltung sorgten rund 650 Menschen, die Wachmannschaften eingerechnet: der Hofstaat mit 68 Personen – darunter Leibarzt, Barbier, Bettmeister, Zeltschneider, Perückenmacher, Jagd- und Silberpagen, Leib- und Hofschützen, Kammerjäger, Trompeter und Pauker, Läufer, Stubenheizer und Sänftenträger –, das Küchenpersonal vom Küchenmeister bis zum Bratenwenderjungen, die Kellerei-, Silberkammer- und Konditoreiangestellten, 14 Sänger und Sängerinnen der Italienischen Oper, 35 italienische Komödianten sowie 54 Musiker. Zunächst wurden die Damen und Herren in ihre Zimmer eingewiesen. Die Aufteilung hatte der König selbst vorgenommen. Im Hauptgebäude des Schlosses

wohnten im ersten Obergeschoss sechs Damen, von denen die Gräfin von Dönhoff, die Gräfin von Pociejowa und die verwitwete Herzogin von Weißenfels ein Einzelzimmer erhielten. Vierzehn weitere Damen teilten sich sechs Räume des zweiten Obergeschosses, während im Stockwerk darüber die Kammermägde der Damen untergebracht wurden. Der König übernachtete im Erdgeschoss in der alten Silberkammer, unmittelbar unter dem Schlafzimmer seiner Mätresse, wohin eine Wendeltreppe außen hinauf führte. In den Seitengebäuden wohnten weitere 32 Gäste, nun überwiegend Herren. Die Gräfin Aurora von Königsmarck erhielt ihr Quartier in einer Stube neben der Schlosskapelle. Achtzehn Herren mussten mit ihrer Unterbringung im Ort Eisenberg vorlieb nehmen.
Nach der Quartieraufteilung versammelte sich die Gesellschaft zum Auslosen der Zuordnung auf die Boote für die anstehende Lustschifffahrt und der Sitzordnung an den Tafeln, die dann an allen Tagen beibehalten wurde. Der König war vom Los ausgenommen, die Wahl seiner Begleiterin stand fest und durfte nicht dem Zufall überlassen werden.
Die Feier begann mit einem Schaufischen mit Netzen und Angeln. Im Anschluss trugen zwei als Mohren verkleidete Sänger, Diar und Herrmann, eine für diesen Tag komponierte Arie in französischer Sprache vor. Von den Ufern des heißen Afrikas seien sie gekommen, sangen sie, um an den Vergnügungen dieses galanten Festes teilzunehmen. Sie priesen den König als Sonnengott Apoll und boten die mitgebrachten Präsente an. Während des Gesanges übergab ein Zug Mohren Blumensträuße und Körbe mit Früchten. Die Blumen, mit goldenen und silbernen Bändern zusammengehalten, wurden sogleich unter die Damen verteilt, die Früchte auf den Tafeln im Lusthaus abgesetzt. Weitere Mohren präsentierten, in Anspielung auf den bevorzugten Zeitvertreib der Gräfin von Dönhoff, Affen und Papageien, die Lieblingstiere der königlichen Mätresse.
Danach begaben sich die Gäste zum Lusthaus, wo die überbrachten Früchte und andere Erfrischungen auf sie warteten. Zurückgekehrt zum Teichufer, verfolgte die Gesellschaft eine Wettfahrt dreier Ruderboote. Die Sieger erhielten eine Flagge mit einem Geldbeutel daran. Nun reihten sich zahlreiche Schiffe zur Aufnahme der Festgesellschaft, getrennt nach Damen und Herren. Der König nahm mit fünf Damen und weiteren Gästen in einer mit hellblauem Atlas mit silbernen Borten und Quasten reich ausstaffierten Gondel Platz, die von zwölf auf die gleiche Art gekleidete Gondoliere gerudert wurde. In allen Gesellschaftsschiffen hielt man Eis, Erfrischungsgetränke und Spielkarten für die Gäste bereit. Von zwei Booten erklang *»türkische und andere Musik«*. Zweimal ging die Fahrt um den Teich, bevor die Herren von den Schiffen aus ein Entenschießen begannen, bei dem über 330 Enten und 20 Gänse, *»mit hohen Federbüschen apart besetzt«*, geschossen wurden.

Lustschifffahrt am 14. August 1718 in Moritzburg, unbekannter Maler, 1718, SKD, Gemäldegalerie Alte Meister, Leihgabe im Schloss Moritzburg

Das Vergnügen dauerte bis zum Dunkelwerden. Danach setzte sich die Festgesellschaft zum Essen in das Lusthaus an fünf Tafeln, unterhalten mit Musik der Polnischen Kapelle. Dieses kleine, aus zwölf Musikern bestehende Orchester war erst ein Jahr zuvor gegründet worden, um den König auf seinen Reisen nach Polen zu begleiten. Gegen 22 Uhr bildete ein über zwei Stunden dauerndes Feuerwerk vom Land und von zwei Schiffen aus den Höhepunkt des Tages. »*Vive la Joye*«, »Es lebe die Freude«, leuchtete in blauen und gelben Buchstaben auf. Mit Reihung der Schiffe auf dem Schlossteich in Form eines Halbmondes wurde »*Feierabend auf diesen Tag gemacht*«.

Der folgende Tag war der Ehrentag der Gräfin von Dönhoff. Nach der Mittagstafel brach man zu einer Wasserjagd unweit des Schlosses im Unteren Altenteich und am Langen- und Pfaffenberg auf. Die Jagdstrecke, die am Abend gelegt werden konnte, bestand aus 179 Stück Rotwild, 18 Stück Rehwild, 27 Stück Schwarzwild, einem Hasen und einem Fuchs.

Vom blinden Dresdner Hofpoeten Johann Gottlob Kittel war der Text zu einer Arie gedichtet worden, welche die »*fünf Hauptqualitäten eines vollkommenen Jägers*« besingt. Wer die Jagdgöttin Diana verehren wolle, müsse von fünf Tieren die Eigenschaften besitzen, verlangt Kittel, er werde dann »*einst Ehre/nebst Geld*« gewinnen: »*... des Löwen tapferen Mut, des Tigers schnelle Füße, des Luchses scharfes Gesicht, des Fuchses schlaue List und der Hunde Wachsamkeit*«.

Abschließend stellte der Dichter den Jägern ein Rätsel.

»Ein schönes Reh sucht hier im Moritzburgschen Wald /
Zur Zeit inkognito, den künftgen Aufenthalt /
Es tragen zwar sehr viel nach selbigem Verlangen;
Doch einer wird es nur mit Kunst und Glücke fangen.«

Für die Lösung des Rätsels gab Kittel Hinweise:

»Saturnus hülft darzu durch eine fremde Kraft /
In dem Moment bekömmt das Reh die Eigenschaft /
Daß man es kennen kann in seinem rechten Wesen /
Nachdem es kurz vorher unsichtbar gewesen.
Man brät und kocht es nicht, ob es gleich weit mehr gilt /
Als bei der Wasserjagd das beste Stücke Wild.«

Schließlich rief er aus:

»Allons! Ihr Herren frisch! Ihr müsst es tapfer wagen /
Umb den gehofften Preis vor andern zu erjagen.
Nun ratet/ welcher wohl das rare Wildbret fängt?«

Antwort:

»Der seine Sorgen ganz an einen Nagel hängt.«

Eingestellte Jagd am 15. August 1718 bei Moritzburg, unbekannter Maler, 1718, SKD, Gemäldegalerie Alte Meister, Leihgabe im Schloss Moritzburg

Natürlich wusste jeder der Herren, wer mit dem Reh gemeint war, und auch, dass es nur einer fangen wird – nämlich der König selbst. Heimgekehrt von der Jagd, setzte sich die Gesellschaft im Komödienhaus zur Tafel nieder. Diese hatte die Gestalt eines Gartens mit einer Fontäne in der Mitte. Gleich viermal war das Monogramm »M« – für Maria Magdalena – jeweils unter einer Grafenkrone auf der Tafel zu lesen. Während des Essens wurden die Gäste mit der Oper »La Cleonice« unterhalten. Das Werk des Italieners Giovanni Alberto Ristori erlebte an diesem Abend seine Uraufführung. Ristoris Vater, Direktor einer reisenden Schauspielertruppe, hatte unter Kurfürst Johann Georg III. in sächsischen Diensten gestanden. Der Sohn bekam im Jahre 1717, mit 25 Jahren, seine Festanstellung bei August II. als »Compositeur de la musique italienne« und Leiter der neu errichteten Polnischen Kapelle. Natürlich war auch »La Cleonice« der königlichen Mätresse gewidmet, die Oper endet mit einem Hymnus auf sie: »*Marianne Vivat! Vivat!*«.

Der dritte und letzte Tag brachte zur Zerstreuung der Gäste erneut eine Jagd, nun eine Hetze um den Schlossteich auf »*drei große und schöne*« Hirsche. Von den Damen setzten sich dem anstrengenden Ritt zu Pferde nur die Gräfinnen von Dönhoff und von Pociejowa aus, die anderen saßen im Wagen. Agnieszka Emerencjana Pociejowa, Gemahlin des litauischen Schatzmeisters und eine temperamentvolle, ein wenig leichtlebige junge Frau, war zusammen mit Maria Magdalena von Dönhoff aus Polen gekommen. Über die Jagd berichtete der Quartiermeister von der Chevalier-Garde Bernhard. Es sei sehr amüsant gewesen zuzusehen, schreibt er, wie sich die Hirsche ins Wasser flüchteten und mehr oder weniger geschickt wieder herauskämen, denn überall, wo sie sich aufhielten bzw. hinwollten, würden die Tiere verfolgt werden. Das Ufer des Teiches sei von Jägern gesäumt, die Hofgesellschaft ritt zu Pferde hinter ihnen her, und im Wasser warteten Boote mit Schützen darin. Trotzdem entkam ein Hirsch durch die aufgestellten Tücher, der zweite wurde im Wasser vom Boot aus getötet, der dritte »*fiel, ermattet durch so viele Tiere und Menschen*«. So beschreibt es Johann Michael von Loen, der gleichfalls bei diesem Fest dabei gewesen war. Vor der Abendtafel gaben die Schauspieler eine Komödienvorstellung. Als das Scheibenschießen begann, dämmerte es bereits, Leuchtraketen zeigten die Treffer an. Die Preise für die besten Schützen waren eine goldene Uhr, goldene Tabakdosen und goldene (Zahnstocher)-Etuis. Eine Stunde vor Mitternacht beendete ein Fackelumzug den Tag. Am nächsten Morgen fuhren die Gäste gemeinsam nach Dresden zurück.

Der König konnte zufrieden sein mit diesem, seinem Fest. Er hatte sich als glänzender Organisator und Arrangeur gezeigt, ein Amüsement hatte das andere abgelöst. Mit einer polnischen Mätresse an seiner Seite war er vor den Hof und das Volk getreten, ließ dieses am Vergnügen teilhaben. Er erwies sich als ein würdiger Herrscher. Zehn Jahre später war die Situation eine etwas andere.

Divertissement nach glücklicher Genesung

Am Ende des Winters 1722/23, in den letzten Tagen des Februars, begann unter Leitung des Oberlandbaumeisters Matthäus Daniel Pöppelmann der Umbau der Moritzburg zum königlichen Jagd- und Lustschloss. Die Planungen zu diesem Vorhaben, an dem sich August II. mit zahlreichen Ideen und Entwürfen selbst beteiligt hatte, waren bereits wenige Jahre nach seiner Krönung zum polnischen König 1697 begonnen, jedoch durch den Zweiten Nordischen Krieg (1701–1706) unterbrochen worden. Auch während der Bauarbeiten blieb das Schloss nicht ungenutzt. So feierte hier im Juli 1724 einer der Kammerherrn des Königs, Heinrich Wilhelm Graf von Solms, seine Vermählung mit einem Kammerfräulein der Kurprinzessin, Charlotte Gräfin von Schafftenberg. Unter den Gästen befanden sich der Kurprinz Friedrich August und seine Gemahlin Maria Josepha. Die Hochzeitsnacht verbrachte das Brautpaar allerdings im Schloss Kalkreuth. Aus dem Jahre 1726, ein Jahr vor Fertigstellung des Rohbaues, stammt eine Inschrift, die sich in einer Fensterscheibe des Schlosses erhalten hat. Der anonym ins Glas geritzte Satz huldigt einer namentlich nicht genannten Dame in recht mangelhaftem Französisch. Übersetzt heißt er wohl: »*Sie sind wirklich sehr kess meine Liebenswürdige. A. Rex 1726*«. Wie verlockend es auch scheinen mag – »Augustus Rex«, also König August II., hat diese Gravierung mit Sicherheit nicht selbst getan. Es ist nicht seine Handschrift und kann es auch gar nicht sein, der König war am 31. Juli 1725 nach Polen abgereist und sah die sächsische Heimat nachweislich erst im Frühjahr 1727 wieder. Wer war es dann? Nach der Rückkehr aus Hubertusburg

Prospekt des Jagd- und Lustschlosses Moritzburg, Johann Caspar Uhlinger, 1733, SKD, Kupferstich-Kabinett

»Sie sind wirklich sehr kess meine Liebenswürdige. A.Rex 1726«, unbekannter Schreiber, Schloss Moritzburg

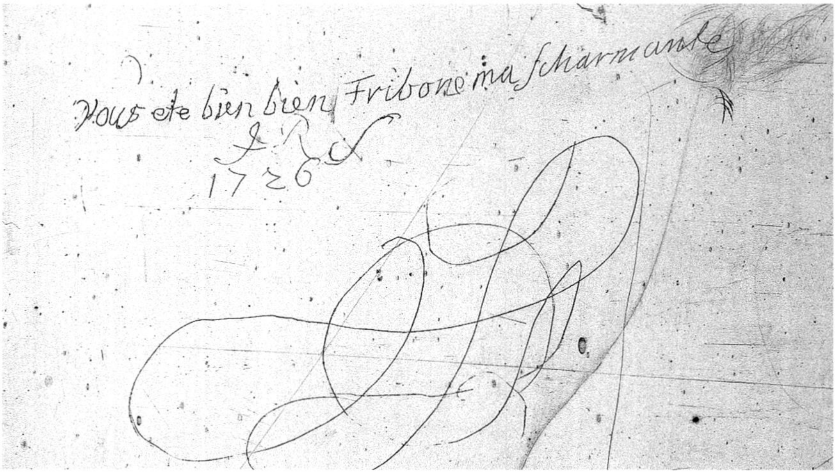

jagte der Kurprinz seit Ende November in der Umgebung von Dresden, so bei Klotzsche, Meißen, Weinböhla und Kreyern im Friedewald, am 5. Dezember auch im Moritzburger Saugarten. Am 9. Dezember 1726 trug er sich zusammen mit Moritz Adolph Herzog von Sachsen-Neustadt in das Moritzburger Willkommenregister ein. Hat sich einer dieser beiden Herren oder gar ein anderer, unbekannter Spaßvogel, vom Alkohol berauscht, diesen anmaßenden Scherz erlaubt?

Dem König selbst ging es in dieser Zeit gesundheitlich nicht gut. Am 16. Dezember 1726 erhielt der Kurprinz aus Białystok, wo sich August II. gerade im Schloss des litauischen Vizekanzlers Fürst von Czartoryski aufhielt, die Nachricht vom bedenklichen Zustand seines Vaters. Seit Mitte der zwanziger Jahre schmerzte diesem die zweite Zehe des linken Fußes immer häufiger. Während des Karnevals 1697 war er beim Ringrennen vom Pferd gefallen und hatte sich die Zehe zerquetscht. Diese Verletzung machte ihm zeitlebens zu schaffen, zusammen mit einer anderen, die er sich auf seiner Kavalierstour in Venedig zugezogen hatte, wo ihm eine hochgehobene Marmorplatte auf den Fuß fiel und die große Zehe desselben Fußes versehrte. Spätestens 1726 bildete sich eine Wunde neben der großen Zehe und entzündete sich. Sie hinderte den König am Gehen und Stehen. In der Neujahrsnacht 1727 musste die bereits schwarz gefärbte, wundbrandige zweite Zehe schließlich amputiert werden, um sein Leben zu erhalten. Die innere Ursache für das Leiden, die Zuckerkrankheit, an der August II. litt, war zu dieser Zeit in Deutschland noch unbekannt.

Die Genesung nach der Operation ging nur zögernd voran. Vom Besuch der Ostermesse in Leipzig, die August II. nur selten versäumte, ließ dieser sich jedoch nicht abbringen. Ende April 1727 brach er aus Polen auf und kam am 21. Mai über Leipzig in Dresden an, wo ihn die Bevölkerung feierlich begrüßte.

Seinem ersten kurzen Besuch im August 1727 folgten im September zwei Wochen mit Jagden und öffentlicher Tafel im neuen Schloss Moritzburg. Hier erreichte ihn auch am 5. September aus Pretzsch die traurige Botschaft, dass seine Gemahlin Christiane Eberhardine im Sterben liege. Dem am nächsten Tag von Dresden nach Pretzsch aufbrechenden König kam bereits am Wilden Mann ein Kammerjunker mit der Nachricht entgegen, die Königin habe am Morgen *»das Zeitliche mit dem Ewigen verwechselt«*. Nach der Mittagstafel kehrte August II. deshalb ins Jagdschloss zurück. Ende Oktober besichtigte er den Moritzburger Fischzug, bevor er zur Weinlese in die Hoflößnitz und zum Hubertusfest nach Hubertusburg weiterreiste. Im darauf folgenden Jahr 1728 feierte er u. a. den Namenstag Friedrich am 5. März und seinen Geburtstag in Moritzburg. Auch die Osterferien bis zum 7. April verbrachte er dort. Eine Woche später, am 16. April, schlug ein Blitz in das Jagdschloss, *»jedoch Gott sei Dank! Ohne Entzündung, doch ein und anderes geschmettert«*.

König August II. von Polen auf dem Krankenlager vor der Abnahme seiner brandigen Zehe in der Neujahrsnacht 1727, unbekannter Maler, früher Schloss Moritzburg, Verbleib unbekannt

Festsaal von Schloss Moritzburg mit Musikerempore

Vom 14. November bis 12. Dezember 1728 folgte der auch bis zu seinem Tod längste Aufenthalt des Königs in Moritzburg. Anfang August hatte sich sein gesundheitlicher Zustand wieder verschlechtert. Eine für diese Zeit geplante Reise nach Warschau und Grodno wurde daraufhin am 22. August »*wegen der Ungelegenheit am Fuß*« bis ins nächste Frühjahr verschoben. Für den 9. November hielt das Hofjournal die »*vollkommene Genesung*« fest. Fünf Tage später begab sich der König nach der Mittagstafel in Begleitung seines Oberstallmeisters Gustav Karl Freiherr von Racknitz und des Kabinettsministers und Oberfalkenmeisters Heinrich Friedrich Graf von Friesen zur Erholung nach Moritzburg.

Die zu diesem »Divertissement« geladenen Gäste trafen im Verlaufe der nächsten Tage ein. Bis auf sieben Herren konnten dieses Mal alle im Schloss untergebracht werden. Allein die Zimmer des Königs waren seit einigen Tagen vorgeheizt worden. Bei der ersten gemeinsamen Tafel am 15. November im neu erbauten Festsaal trug sich August II. ins Willkommenregister ein. Die Errichtung dieses Saales als architektonisches Pendant zur Kapelle war nach dem letzten Projekt für Moritzburg erfolgt, welches der König im April 1726 in Polen bestätigt hatte. In dem bis heute baulich unveränderten *»Großen Saal«* bilden 71 kapitale Rothirschgeweihe auf geschnitzten, mit Weinlaub und Trauben verzierten Tierköpfen den Wandschmuck. Diese, anderen Barockplastiken nicht nachstehenden Hirschköpfe, fertigte der bekannte sächsische Bildhauer Johann Christian Kirchner mit seiner Werkstatt. Zwei Schenktische in Form von englischen Schreibschränken, mit ausziehbaren Böden für das Abstellen von Flaschen, schuf der Hoftischler Peter Hoese im Jahre 1728. Zwei weitere Schränke bargen wertvolles Tafelgerät. Nach einer erhaltenen Inschrift in einem der beiden Möbel sind es Arbeiten aus der Werkstatt des Dresdner Stadttischlers Johann Gottfried Heinrich Grahl. Bei Zeremonientafeln dienten die Schränke als Kredenzen, in denen Gefäße und Utensilien für die Credenza, der zeremoniell vorgegebenen Probe von Speise und Trank für einen Vorkoster, aufbewahrt wurden. Vier vergoldete Wandtische mit Marmorplatten sowie 36 Tafelstühle, die Rückenlehnen mit Flechtwerk und die Sitzpolster mit gelbem Plüsch bezogen, ergänzten einst die Saaleinrichtung.

Die ersten Tage im November vergingen mit Proben derjenigen Damen und Herren des Hofes, die als Akteure bei den geplanten Theater- und Musikaufführungen mitspielen wollten. Der König schaute beim Abfischen des Kapellenteiches zu und fuhr zweimal nach Dresden, wo er u. a. ein Infanterieregiment besichtigte.

Eine Woche nach der Ankunft begannen die Vergnügungen. In einem Singspiel mit Balletteinlagen, das für diesen Aufenthalt geschrieben worden war, traten die Flussgötter Elbe und Wisła auf. Die Elbe verkörperte ein Pole, Generalmajor Prinz von Lubomirski, die Wisła der sächsische Kammerjunker Heinrich August von Breitenbauch. Trompeten und Oboen sollten erschallen, rief die Wisła aus, *»pour chanter le plus grand des Roix«*, »um den größten der Könige zu preisen«, und der Chor beider Völker nannte ihren König *»le Modelle des Roix«*, »das Vorbild aller Könige«. Nach dem Stück setzte sich die Gesellschaft zur Tafel, die, wie häufig in diesen Tagen, ausgelost worden war, und tanzte nach deren Aufheben bis morgens um 3 Uhr im heutigen Steinsaal, über dessen Sandsteinplatten ein roter Teppichboden lag.

Am nächsten Tag, den 22. November, feierte Anna Katharina Gräfin von Orzelska ihren 21. Geburtstag. Sie war die Lieblingstochter des Königs, ihre Mutter die Französin Henriette Renard, Ehefrau eines in Warschau lebenden Weinhändlers. August II. hatte Anna Katharina 1727 zur Gräfin Orzelska erhoben. Der Hof gab heute das Stück »Les fâcheux« von Molière, einem der meistgespielten Dichter auch im barocken Sachsen. Die Uraufführung dieser Ballettkomödie hatte am 17. August 1661 zu Ehren von Ludwig XIV. stattgefunden, als der französische Finanzminister Nicolas Fouquet sein Lustschloss in Vaux-le-Vicomte feierlich einweihte. Inhalt und Aufbau von »Die Lästigen« sind denkbar einfach. Ein junges Liebespaar, Eraste und Orphise, hat sich in einer Parkallee verabredet, wird jedoch durch zehn Lästige, mit denen Molière Typen seiner Gesellschaft karikiert, immer wieder von seinem Rendezvous abgehalten. Die Rolle des Liebhabers übernahm in Moritzburg der 30-jährige Kabinettsminister Christian Heinrich Graf von Watzdorf, die Dame seines Herzens war die Gräfin von Gilleiß, die einer österreichischen freiherrlichen Familie angehörte.

Nach der Abendtafel wurde getanzt. Der König *»machte vor und nach dem Essen einige Male die Tour durch alle Kammern und sah dem Tanzen bis nach Mitternacht um zwei Uhr zu«*. Aber nicht nur auf das Vergnügen des Tanzes musste der König wegen seines Fußes verzichten, auch beim Trinken scheint er sich sehr zurückgehalten zu haben. Das geht aus einem Protokoll der »Société des antisobres«, der »Gesellschaft zur Bekämpfung der Nüchternheit«, als deren »Patron« August II. fungierte, hervor. Die Gesellschaft war während des Karnevals 1728, als der preußische König Friedrich Wilhelm I. mit seinem Sohn zu Besuch in Dresden weilte, aus der wohl noch nicht lange bestehenden »Société de la table ronde« hervorgegangen. Laut Satzung sollte bei den gemeinsamen Treffen Humor, Freude und Fröhlichkeit herrschen, aber auch Ordnung und offenes Reden. Über Staatsgeschäfte durfte nicht gesprochen, auf alle Förmlichkeiten sollte verzichtet werden. Sorgen, Ärger und vor allem Eifersucht galten als Gift der Geselligkeit. Wer nüchtern blieb, handelte gegen die Statuten. Das erwähnte Protokoll stammt vom 26. November 1728 und vermerkt, August II. habe sich beim Geburtstag der Gräfin *»geradezu beispiellos nüchtern und offen gegen die Satzungen der Gesellschaft benommen; denn es sei keinem Mitgliede erlaubt, weniger als eine Flasche Wein, sei es zu Mittag, sei es zum Abendessen, zu trinken«*. Man würde jedoch dem Patron in Anbetracht *»seines erholungsbedürftigen Zustandes«* und seiner der Gesellschaft geleisteten Dienste diese Gesetzesübertretung verzeihen. Ein ganzes Jahr lang wolle man ihn von der strengen Befolgung der Satzungen entbinden und dann seinen Zustand prüfen, um ihn zu verpflichten, *»sich künftighin mit um so größerer Peinlichkeit der Beobachtung unserer Satzungen anzupassen«*. Andernfalls müsste er ein *»Veteranenpatent«* ausgestellt bekommen.

Schenktisch in Form eines englischen Schreibschrankes im Festsaal von Schloss Moritzburg, Peter Hoese, Dresden, 1728, Schloss Moritzburg

Über die Weinvorräte der königlichen Hofkellereien, darunter die Moritzburger, gibt ein Inventar aus dem Jahre 1729 Auskunft. In den beiden Kellern unter dem Jägerturm bzw. dem Hauptgebäude des Jagdschlosses lagerten danach »*334 Eimer und 38 Maaß*« Weißwein der Jahrgänge zwischen 1714 und 1728, das sind umgerechnet rund 22 535 Literflaschen. In Dresden befanden sich knapp 40 Mal soviel Weinvorräte. Zu den weiteren Theatervorstellungen in Moritzburg, die während dieses spätherbstlichen Aufenthaltes durch die französische Komödiantentruppe unter teilweiser Mitwirkung von Mitgliedern des Hofes gespielt wurden, gehören noch die Tragödie »Andromaque« von Jean Baptiste Racine und eine Komödie Florent Dancourts. Dessen in Moritzburg aufgeführter Einakter »Les Fêtes nocturnes du Cours« hatte im September 1714 in Paris die Erstaufführung erlebt. Dancourt präsentiert hier die sommernächtlichen Vergnügungsstätten der Hauptstadt – eine Maskerade im Mond- und Fackelschein, Bälle, Geigen, Festessen. In Moritzburg spielte Anna Katharina von Orzelska eine der Hauptrollen.

Kredenz im Festsaal von Schloss Moritzburg, Tischler Johann Gottfried Heinrich Grahl, Spiegelfaktor Erich Niclas Noor zugeschrieben, Dresden, 1725, SKD, Kunstgewerbemuseum, Leihgabe im Schloss Moritzburg

Am 26. November kehrten die meisten Gäste gemeinsam mit den Komödianten und Musikern nach Dresden zurück. Den in Moritzburg bleibenden Damen boten bis zu ihrer Abreise am 12. Dezember Schlittenfahrten in die Umgebung, die Besichtigung des Eisenberger Vieh- und Jahrmarktes oder Besuche des Kurprinzen, der im Radeberger Revier Wölfe jagte, hinreichende Abwechslung. Auch der König beendete am 12. Dezember seinen Aufenthalt. Die Hofgesellschaft war dieses Mal unter sich geblieben, öffentliche Tafeln oder andere Beteiligung der Bevölkerung an den Vergnügungen gab es nicht. Der 58-jährige, gesundheitlich angegriffene König zog sich zurück, ließ sich von seinem Hof unterhalten, war nicht mehr der Spiritus rector wie früher, statt einer Mätresse widmete er sich seiner Lieblingstochter. Krankheit und eine zum Teil wohl zügellose Lebensweise hatten ihren Tribut gefordert. Am 1. Februar 1733 starb August II. in Polen.

»Ordentliches Hoflager«

Das Jahr 1738 war für die sächsische Geschichte ein bedeutsames und richtungweisendes. Zum fünften Mal jährte sich am 5. Oktober die Wahl von August III. zum König von Polen. Im September bat er drei seiner Vertrauten um ein Gutachten, ob er sich um die Kaiserkrone bemühen solle – noch zu Lebzeiten des im Oktober 1740 verstorbenen Kaisers Karl VI. Daneben richtete der König seine Religions- und auch Kul-

König August III. von Polen, Louis de Silvestre, um 1737, SKD, Gemäldegalerie Alte Meister

turpolitik deutlicher nach dem katholischen Süden aus. Das für jeden sichtbare Zeichen hierfür setzte er mit dem Auftrag an den Italiener Gaetano Chiaveri zum Bau der Katholischen Hofkirche. Auch seine Bestrebungen um dynastische Verbindungen mit anderen europäischen Herrscherhäusern waren in diesem Jahr von Erfolg gekrönt. Am 9. Mai heiratete in Dresden die erst 13 Jahre alte Prinzessin Maria Amalia den König beider Sizilien und späteren spanischen König Karl III. Vom 6. Juni bis 5. September 1738 verbrachte die Königsfamilie ihren wohl längsten

Königin Maria Josepha von Polen, Louis de Silvestre, vor 1736, SKD, Gemäldegalerie Alte Meister

Aufenthalt im Jagdschloss Moritzburg. Die Reise dorthin entsprach der Verlegung des Hofes, wie dies durchschnittlich jedes zweite Jahr von Ende September oder Anfang Oktober bis in den Dezember hinein nach Hubertusburg geschah, sofern der König nicht in Polen weilte.

Das Herrscherpaar traf am 6. Juni gegen 18 Uhr im Schloss ein. König August III. bezog sein Quartier im ersten Obergeschoss auf der Südwestseite, Königin Maria Josepha ihre Zimmer gegenüber im Nordwesten. Eine Woche später kamen die Prinzessinnen und Prinzen in zwei Jagdwagen hinaus aufs Land. Der siebenjährige Xaver fuhr gemeinsam mit seinem Oberhofmeister Florian Rupert Freiherr von Wessenberg, sein vierjähriger Bruder Karl, die neunjährige Maria Anna und die sechsjährige Josepha in Begleitung der Oberhofmeisterin Maria Anna Gräfin von Kolowrat. Die Kinder schliefen in ihren mitgebrachten Reisebetten, die jeweils aus einem Bettsack mit dem Bettzeug, einem Kasten mit dem hölzernen Bettgestell, zwei Stühlen und dem »Leibstuhl« bestanden. Die beiden jüngsten Prinzessinnen, die drei Jahre alte Maria Christina sowie ihre ein Jahr jüngere Schwester Elisabeth, blieben in Dresden. Der Kurprinz Friedrich Christian weilte zu dieser Zeit auf einer Kur in Italien.

Pokale mit Monogrammen König Augusts III. von Polen (FAR) und Königin Maria Josephas von Polen (MJR), Dresden, 1735/40, Schloss Moritzburg

Gleich am nächsten Morgen hatte der König sich zu beklagen, da Rauch aus dem Backofen des Mundbäckers in seine Gemächer drang. Der herbeigerufene Bäcker Egmeier erklärte, es liege am falschen Holz, welches er verwenden müsse. Das daraufhin vom Schlossverwalter und Amtmann Friedrich Wilhelm Tüllmann angebotene Eichenholz lehnte er ab. *»Eiche mache einen beißenden Rauch«*, begründete er, geeignet seien Fichte und Birke, auch Erle. Es stellt sich schließlich heraus, dass eine ausreichende Menge abgelagertes Erlenholz vorhanden war.

Ähnliche Sorgen hatte Tage später der Hofkonditor Johann Philipp Praetorius. Für die Zubereitung des Tee-, Kaffee- und Schokoladenwassers erhielt er aus der Küche keine durchgebrannten bzw. nur unbrauchbare Kohlen. Er musste Holz zum Feuern hinzunehmen, wodurch das Wasser zu heftig kochte und nach Rauch schmeckte. Auch die Milch für die herrschaftliche Tafel war daher im Geschmack beeinträchtigt. Praetorius hatte bereits Kohlen für sich auf eigene Kosten anfahren lassen. Einen besseren Ort, zum Beispiel ein Teichhaus, für die Zubereitung der Delikatessen und der Milch zu erhalten, *»weil diese gar bald den Geruch von anderen in der Konditorei befindlichen Sachen annehmen«*, war ihm nicht erlaubt worden. In seiner Not hatte er sogar *»auf der Galerie im Freien«* gearbeitet. Das Oberhofmarschallamt schenkte Praetorius erst Gehör und klärte die Sache, als dieser sein Problem protokollieren ließ, wusste er sich doch anders nicht mehr zu helfen. Die Königin hatte den Konditor bereits an die Tafel gerufen und befragt, woher es käme, dass die Milch *»nicht so gut als vormals sei und widrigen Geschmack habe«*. Ihm würde *»Verantwortung und Ungnade zuteil werden, wenn er dies nicht einsehen wolle«*.

Für die Königsfamilie vergingen die Tage zunächst mit Spazierfahrten im Wagen in die nähere Umgebung, bei denen der König häufig Jagd auf Rotwild machte. Als leidenschaftliche Jägerin begleitete die Königin ihren Gemahl gelegentlich und schoss selbst Hirsche. Allerdings verlangte ihr gegenwärtiger Zustand Zurückhaltung und Vorsicht, denn sie war im achten Monat schwanger. Mehrmals grub man Dachse aus, die dann auf der Schlossterrasse gehetzt wurden. Die Tage wechselten, an denen das Königspaar entweder allein in seinen Gemächern bzw. gemeinsam mit dem Hof an der Tafel speiste. Ins Bett gingen August III. und Maria Josepha abends zeitig, zumeist gegen 22 Uhr.

Die Speiseordnung sah auf der königlichen Tafel mittags zwei Gänge mit je 30 Gerichten und abends mit je 24 vor, zusätzlich *»aber noch etliche drüber für den König«*, beim dritten Gang wurde das Dessert aufgesetzt. Zum Vergleich mag das Hubertusfest am 3. November 1739 dienen, wo 160 (!) Speisen zuzüglich *»15 extra für den König«* auf der Tafel standen. Der Jurist Karl Friedrich Moser schreibt in seinem »Teutschen Hofrecht« 1750: *»Es ist bekannt, dass die königliche Tafel zu Dresden für die köstlichste und herrlichste in ganz Teutschland gehalten wird.«* Bei den weiteren Tafeln nahm die Anzahl der Gerichte entsprechend der höfischen Hierarchie immer mehr ab. Auf die im Rang vierte Tafel, der Kammerdienertisch, kam bereits etwas vom *»Abhub«* hinzu, also solche Speisen, die auf der königlichen Tafel nicht angerührt worden waren und nun auf einfacherem Geschirr in der Küche neu arrangiert wurden.

Abwechslung in den Alltag brachten die Galatage. Diese hatten ihren festen Platz im Hofleben und wurden im Hof- und Staatskalender veröffentlicht. Zu ihnen zählten beispielsweise Krönungs-, Geburts-, Namens- und Ordenstage. Sie unterschieden sich von gewöhnlichen Tagen durch das Anlegen prächtiger Kleidung und veranstaltete Lustbarkeiten. Zudem war das Tafelzeremoniell förmlicher, und man tafelte öffentlich, meistens nach dem Kirchgang um 12 Uhr. »Öffentlich« heißt, es war jedermann aus dem Volke gestattet, der Herrschaft beim Tafeln zuzusehen, sofern er *»in sauberer und reinlicher Kleidung«* und nicht vermummt erschien. So lesen wir es bei Julius Bernhard von Rohr. Frauen durften keine Regentücher, die Männer keine Mäntel um sich geschlagen haben. Indes sollten ferner diejenigen Personen zurückgehalten werden, *»so kränklich und ungesund* *aussehen, um der Herrschaft bei der Tafel durch deren üblen Anblick den Appetit zum Essen nicht zu verderben«.* Absperrungen und Wachen verhinderten ein zu nahes Herantreten der Schaulustigen. Sollten Fremde nach höflicher Ermahnung trotzdem versuchen, ohne Erlaubnis einzudringen, könnten sie mit Gewalt, *»durch ein paar Rippenstöße, zurückgetrieben werden«.* Auch Kindern war der Zutritt nicht gestattet.

Das zweifellos größte Ereignis dieses Vierteljahres stellte die Geburt des Prinzen Albert am 11. Juli dar. Es war der erste Sohn, den Maria Josepha als Königin zu Welt brachte. *»Endlich«,* morgens um 8:45 Uhr, nachdem *»es ist mit dieser Geburt etwas schwer zugegangen«* und sich *»dabei etwas harte Umstände«* ereignet hatten, kam der Prinz zur Welt. *»Wegen bewegter Gefahr«* wurde er sofort durch den gleich in der Nähe befindlichen Pater Joseph Guarini insgeheim getauft. Die Königin soll sogar in Lebensgefahr geschwebt haben und das Neugeborene nur am Leben geblieben sein, weil ihm auf Anordnung des Arztes alter Ungarwein eingeflößt worden war.

Prinz Albert von Sachsen, Pietro Graf Rotari, um 1755, SKD, Rüstkammer

Das freudige Ereignis wurde sogleich durch 78 Kanonenschüsse aus 26 Geschützen angezeigt und ein Bote, der Oberküchenmeister Adolph Freiherr von Seiffertitz, mit der Nachricht nach Dresden geschickt. Dort ließ man für drei Tage Gala ansagen und den Hofdamen ausrichten, dass sie erst auf besonderen Befehl der Königin zur Gratulation erscheinen dürften. Auch der König nahm erst am 13. Juli die Glückwünsche der zahlreich aus der Residenz erschienenen Damen und Herren in seinem Vorzimmer entgegen. An diesem Tag hatte Prinz Karl seinen fünften Geburtstag, der Hof feierte dieses Jubiläum jedoch bereits einen Tag eher, am 12. Juli. Der kleine Knabe wird diese Verschiebung gar nicht bemerkt haben.

Die Königin speiste alle Tage der Wochenbettzeit in ihrem Zimmer, ebenso wie der König, der »auf der Serviette« entweder allein oder am Bett seiner Gemahlin aß. Eine Ausnahme bildeten die beiden Galatage 26. Juli und 3. August, an denen August III. den Vorsitz an der öffentlichen Tafel führte.

Am ersten dieser beiden Festtage wurde der Namenstag der russischen Zarin Anna Iwanowna begangen. Die von 1730 bis 1740 regierende Nichte Peters I. hatte nach dem Tod von August II. das Bündnis Russlands mit Sachsen vertraglich erneuert und August III. auf den polnischen Königsthron verholfen, wofür dieser der Zarin äußerst dankbar war. Aus Anlass des Namenstages fand ein Büchsenschießen auf Scheiben statt. Der König und sein Geheimer Kabinettsminister Heinrich Graf von Brühl trugen den russischen St. Andreas Orden, den beide zwei Jahre zuvor von der Zarin verliehen bekommen hatten.

Alle 24 Herren versammelten sich um 11 Uhr im Vorzimmer des Königs zum Auslosen der Reihenfolge beim Schießen. Im Anschluss riefen Pauker und Trompeter die 60 Grenadiere der Leibgarde, die an diesem Tag die Speisen auftragen sollten, in die Küche. Um 12 Uhr setzte sich der König mit allen Schützen und den Kampfrichtern zur Tafel. Bei jedem Gesundheitstrinken erschallten Pauken und Trompeten. Für die sich anschließenden Salutschüsse aus den Kanonen stand ein Bediensteter an der Tür des Tafelgemaches und gab einem Trompeter ein Zeichen, der dieses dann den Kanonieren weitergab. Das Gesundheitstrinken war Bestandteil des höfischen Tafelzeremoniells. In Deutschland, zumal im 17. Jahrhundert, wurde das Leeren eines Glases auf das Wohl des Herrschers oder eines Gastes gern *»als die nächste Gelegenheit zum Vollsaufen«* genutzt, wie Moser im »Hofrecht« berichtet. Es sei nun jedoch *»gänzlich abgeschafft, oder doch sehr eingeschränkt«* und, *»an raisonnablen* (vernünftigen) *Höfen wird aber nicht verwehrt, sich nur etwas weniges in sein Glas zu gießen«*. Für die Regierungszeit Augusts III. gilt dies allemal, der König hatte für exzessive Trinkgelage, wie sie von seinem Vater bekannt sind, nichts übrig.

Der Wettkampf begann um 15 Uhr auf der Hauptallee des Schlossparks. Auf beiden Seiten der 100 Schritte langen Schießbahn standen aus Reisig geflochtene und mit Birken und anderen Bäumen besteckte Wände. Als Zielscheiben dienten aus Holz gesägte, bemalte Tierfiguren, die sich auf einer Laufbahn hin und her bewegen ließen. Bereits 19 Jahre zuvor hatte es in Moritzburg ein Büchsenschießen auf solche Tierscheiben gegeben, als August III, noch als Kurprinz, sich mit seiner Gemahlin im Anschluss an seine Hochzeitsfeierlichkeiten für einige Tage im Jagdschloss aufhielt.

Heute wurde in sechs Durchgängen auf Löwe, Hirsch, Wildschwein, Tiger, Büffel und Bär geschossen, zuvor eröffnete der Kranzschuss auf den Adler den Wettkampf. Die Regel verlangte das Schießen aus freier Hand ohne Auflegen. Sofort

Humpen und Fußbecher für das Gesundheitstrinken, Hofkellerei Dresden und Moritzburg, Sachsen, datiert 1621, 1693, 1697, 1677, 1613, Fassungsvermögen zwischen einem halben und drei Litern, Schloss Moritzburg

RECHTE SEITE *Deckelflöte, Inschrift »Moritzburg den 26. July 1738«, springender Leopard, Dresden, 1738, nicht vergebener Preis beim Büchsenschießen, SKD, Kunstgewerbemuseum*

nach jedem Durchgang, dem so genannten Rennen, wurden die Preise vergeben. Sie bestanden in einem Zinnteller, auf dem ein Stück Marzipan lag (beim Kranzschuss dazu ein Kranz von frischen Blumen und Früchten), sowie einem mit Wein gefüllten Deckelglas. Die nahezu pflichtmäßige Zitrone und die »Pome de Sina«, die Apfelsine, fehlten in diesem Jahr auf den Tellern. Auf beiden Preisen waren die entsprechende Tierfigur sowie Ort und Tag des Ereignisses eingearbeitet: »Moritzburg den 26. July 1738«. Das Glas Wein wurde sofort geleert. Wenn jedoch der König den Preis gewann, was dreimal vorkam, tat er dies nicht selbst, sondern der erste Kampfrichter, Konferenzminister Friedrich Gotthard von Bülow, musste das Glas an seiner statt austrinken. Zum Abschluss gab es für alle diejenigen, die bis dahin keinen Preis erringen konnten, den Ritterschuss auf den Elch. Diesen gewann Johann Georg Chevalier de Saxe, ein Sohn König Augusts II. und Ursula Katharinas Fürstin von Lubomirska.

Abends um halb acht verließen die Schützen den Schießplatz. Am Vormittag hatte man noch um die Ausrichtung des Wettkampfes bangen müssen, denn es regnete stark. Erst gegen Mittag vertrieb der Wind die dichte Wolkendecke, so dass der Wettbewerb *»vergnügt vollbracht«* werden konnte. Vielleicht ist im schlechten Wetter der Grund dafür zu sehen, dass anstatt der üblicherweise zwölf Rennen an diesem Tag nur sechs Durchgänge geschossen wurden, denn es waren Preise für zwölf Rennen vorbereitet worden. Die Dresdner Glashütte hatte schon im April 13 Flötengläser *»mit allerhand Tieren«* an den Hof geliefert. Außerdem finden sich unter den über 300 zinnernen Gefäßen und anderen Tafelutensilien, die aus alten, eingeschmolzenen Zinngegenständen neu geformt und mit »Moritzburg 1738« gekennzeichnet wurden, nicht vergebene Preisteller.

Ähnlich verlief das traditionelle Fest des Polnischen Weißen Adlerordens am 3. August, zugleich der Namenstag Augusts. Den aus dem 14. Jahrhundert stammenden Ritterorden hatte August II. im Jahre 1705 erneuert, im 18. Jahrhundert war er der höchste Orden des Königreiches Polen und zugleich Hausorden der wettinischen Dynastie.

König August III. lud die in Sachsen befindlichen Ritter nach Moritzburg zum Ordensbüchsenschießen ein. Diese erschienen in gewöhnlicher Ordenskleidung mit Purpurmantel, schwarzem Hut mit weißer Feder bzw. silberner Tresse, weißen Strümpfen und Hirschfänger. Für ihre Teilnahme am Wettkampf zahlten 16 Ritter einen Einsatz von sechs Dukaten, allein August III. war hiervon befreit.

Früh am Morgen nahm der König mehrere neue Ritter in den Orden auf, unter ihnen war der erst drei Wochen alte Prinz Albert. Graf von Brühl brachte dem Wiegenkind den Orden am Vormittag ins Zimmer. Heute fanden zwölf Rennen auf Zielscheiben statt. Besonders bemalt waren die Scheibe für den Kranzschuss mit dem blauen Ordensband und für den Ritterschuss mit einem Türken zu Pferde. Den in der

Wiege liegenden Albert vertrat Christian Wilhelm Prinz von Sachsen Gotha auf dem Schießplatz. Auch der seit wenigen Tagen fünfjährige Ordensritter Prinz Karl durfte die Büchse noch nicht selbst halten, für ihn tat dies der Herzog von Holstein. Allein der drei Wochen vor seinem achten Geburtstag stehende Prinz Xaver trat persönlich an. Den ersten Schuss und damit den Kranz gewann der König. Dieses Mal war der Zinnteller mit dem Ordensstern, wie man ihn an der Kleidung trug, graviert. Die Deckelflöte zierte der Orden, wie ihn das Band hielt. Die Inschrift lautete nun »Ordens-Schießen zu Moritzburg d. 3. August 1738«. Auch wurde heute neben Gold- und Silbermedaillen, wie so oft bei derartigen Wettkämpfen, bei jedem Durchgang ein Scherzpreis für den »Weitschuss« – den Fehlschuss –

Zinnteller, Inschrift »Moritzburg den 26 July 1738«, Elch bzw. Luchs, Friedrich Rothe, Dresden, 1738. Gewinner des Ritterschusses auf den Elch beim Büchsenschießen war Johann Georg Chevalier de Saxe. Der Preisteller mit Darstellung des Luchses wurde nicht vergeben. Schloss Moritzburg

vergeben. Das Scherzgeschenk bestand in einem Glas Bier, einem *»Hofbrot auf einem hölzernen Teller«* sowie einem bunt angemalten Vogelkäfig, in dem jeweils ein anderer Vogel saß – beim ersten Rennen beispielsweise *»eine Meise mit Krause und Krone von buntem Papier«*.

Am Ende der Wochenbettzeit fand am 20. August die offizielle Taufe des Prinzen statt, in der dieser die Namen Albert August Kasimir Ignaz Pius Franz Xaver erhielt. Läufer, Lakaien, Heiducken und 60 Mann von der Leibgarde säumten den Weg vom Vorzimmer der Königin bis zur Schlosskapelle. Mit dem Glockenläuten um 10 Uhr begann die Prozession. Die Königinmutter wurde von ihrem Oberhofmeister Franz Karl Vratislav von Mitrowitz geführt. Der Graf gehörte einem der ältesten und vornehmsten böhmischen Adelsgeschlechter an. Seit vier Jahren war er erneut kaiserlicher Minister am sächsisch-polnischen Hof. Die Schleppe Maria Josephas hielt das Kammerfräulein Franziska Freiin von Zehmen. Aya, verwitwete Freifrau von Przichowitz, trug den neugeborenen Prinzen in ihren Armen. Sie entstammte gleichfalls einer böhmischen, eingedeutschten Adelsfamilie, die vornehmlich in kaiserlichen Diensten stand. Die Kammerherren Graf von Beichlingen und Oberlandfischmeister von Wolfersdorf hielten die Enden eines über den Prinzen gedeckten Tuches. Auch die beiden Prinzessinnen Christina und Elisabeth, eigens für den heutigen Kirchgang aus Dresden geholt, wurden *»wegen ihres zarten Alters«* von ihren Kammerfrauen auf dem Arm getragen. Als der Zug die Kapelle erreichte, erschallten Pauken und Trompeten. Die Königin

Elch, Vorlage für eine hölzerne Zielscheibe und Preise (Deckelflöte, Zinnteller) beim Büchsenschießen am 26. Juli 1738, unbekannter Maler, Dresden, 1738, SächsHStA Dresden

kniete auf ein Kissen einige Schritte vor dem Eingang zur Kapelle nieder. Nachdem sie von zwei Geistlichen eine brennende Kerze bzw. das Weihwasser empfangen hatte, schritt sie in die Kirche. Dort näherten sich die beiden Repräsentanten der Taufpaten, Prinz Xaver und Prinzessin Maria Anna. Sie vertraten den König und die Königin von Spanien sowie den König und die Königin beider Sizilien in Abwesenheit und nahmen das Neugeborene an sich. Die Taufe vollzog der polnische Krongroßkanzler Andrzej Stanisław Graf von Zaluski. Der Bischof stand beim Königspaar in besonderer Gunst. Sein Vater hatte bereits unter August II. gleichfalls als Krongroßkanzler gedient. Zwei Wochen vor der Taufe, am 3. August, war Zaluski zum Ritter des Polnischen Weißen Adlerordens geschlagen worden. Nach der Taufzeremonie nahm die Königin den Säugling wieder auf ihren Arm, trat vor den Altar, kniete nieder und

Silbermedaille auf das Fest des Polnischen Weißen Adlerordens am 3. August 1738 in Moritzburg, Vorderseite: Portrait König Augusts III. von Polen, Rückseite: Tisch mit der Ordenskette und der Inschrift »Für gute Verdienste um König und Staat«, Heinrich Friedrich Wermuth, SKD, Münzkabinett

sprach ein kurzes Gebet. Dann legte sie den Prinzen auf den Tisch neben dem Altar, gab die Kerze ab, kniete nochmals vor den Altar und erhielt vom Bischof den Segen. Nachmittags um 16 Uhr empfing die Königin zahlreiche Damen aus der Residenz zur Gratulation, am Abend ließ sie das Neugeborene nach Dresden in seine Gemächer bringen.

1766, im Alter von 27 Jahren, heiratete Albert von Sachsen die Lieblingstochter der Kaiserin Maria Theresia von Österreich, Maria Christina. Er absolvierte die militärische Laufbahn und wurde 1760 Generalleutnant der österreichischen Armee, später Statthalter in Ungarn und Generalgouverneur der Österreichischen Niederlande. Er ist der Gründer einer der größten Sammlungen von Handzeichnungen und Kupferstichen, der nach ihm benannten Albertina. Bei seinem letzten Besuch in der sächsischen Heimat trug er sich am 24. September 1818 ins Willkommenregister von Moritzburg mit den Worten ein: *»Hier wo ich einst das Licht der Welt erblickt,/ Wo Wiedersehn mein Herz erquickt,/ Trink' ich nach achtzigjähr'ger Bahn/ Den Willkommen jetzt recht froh hinan.«* Vier Jahre später starb Albert von Sachsen, zusammen mit seiner Gemahlin ruht er in der Hofkirche der Hofburg in Wien.

Im Verlaufe des Moritzburger Hoflagers hatte die Silberkammer den Diebstahl gleich mehrerer Stücke Tafelsilbers zu registrieren. Zum Namenstag der russischen Zarin am 26. Juli ging mittags an der Marschalltafel im Steinsaal aus dem Service »A« ein silberner Löffel mit der Nr. 22 verloren. Eine Woche darauf verschwand beim Fest des Polnischen Weißen Adlerordens von der königlichen Mittagstafel aus demselben Service der Teller Nr. 40, und von der ersten Marschalltafel, welche dieses Mal im Vorzimmer der Königin stand, vom Service »AR« der Teller Nr. 93. Es folgten am 5. August eine Gabel, am 14. August ein Teller und am 20. August, dem Tag der Taufe von Prinz Albert, sogar drei Teller und ein Löffel! Alle Tafelutensilien waren *»allen Nachfragen und Suchen ungeachtet, nicht wiederzuerlangen gewesen«*. Das »ordentliche Hoflager« von Moritzburg beschloss eine große Jagd am 5. September mit der Erlegung von 700 Tieren. Noch im selben Monat reisten August III. und Maria Josepha nach Warschau.

Ein königliches Service von Meissen

Den 200. Todestag König Augusts II. beging der Freistaat Sachsen 1933 in Dresden mit einer großen Ausstellung »August der Starke und seine Zeit«. Im Schloss Moritzburg präsentierte der Familienverein Haus Wettin aus diesem Anlass vom 7. Mai bis 17. September im Festsaal eine nachgestellte Hoftafel und zwei Schaubuffets mit Tafelsilber aus der Dresdner Hofsilberkammer. Der Verein »Haus Wettin Albertinischer Linie e. V.« war nach dem Sturz der Monarchie vom ehemaligen sächsischen Königshaus gegründet worden und hatte mit Vertragsabschluss im Jahre 1924 Moritzburg als Privatbesitz vom Freistaat zugesprochen bekommen. Prinz Ernst Heinrich von Sachsen, jüngster Sohn des letzten sächsischen Königs Friedrich August III. und Verwaltungsleiter des Vereins, ging gemeinsam mit dem Direktor der Kunstsammlungen des Hauses Wettin Dr. Erwin Hensler daran, den in Moritzburg zusammengezogenen Kunstbesitz des ehemaligen Königshauses in einem Wettinmuseum neu zu ordnen. Noch Jahre nach dem großen Jubiläum zeigte man im Festsaal eine Silbertafel, die mit Porzellantellern aus dem so genannten »Krönungsservice« König Augusts III. ergänzt worden war.

Nachgestellte Hoftafel im Festsaal von Schloss Moritzburg im Jahre 1939 mit Tafelsilber aus der Dresdner Hofsilberkammer und Porzellan aus dem »Krönungsservice« König Augusts III. von Polen

Im Jahre 2002 erfolgte in Umsetzung einer neuen Ausstellungskonzeption die Gestaltung des Festsaales von Moritzburg im Stile höfischer Tafelkultur der 1. Hälfte des 18. Jahrhunderts. Eine fünfeinhalb Meter lange Tafel ist mit einem Speiseservice aus Meissener Porzellan gedeckt, eine Sonderanfertigung der Porzellan-Manufaktur Meissen für das Museum Schloss Moritzburg. Das Service von 20 Gedecken besteht aus insgesamt 66 Teilen, aus Tellern, mehreren Arten von

Schalen und Schüsseln, Salzmuscheln und Saucièren, hergestellt aus den originalen Gefäßformen, die sich im Archiv der Meissener Produktionsstätte erhalten haben. Die Form, eine frühe mit glattem Rand aus den Anfängen der Manufaktur, geht wahrscheinlich auf die Gestalter Johann Jacob Irminger und Johann Gottlob Kirchner zurück. Bemalt ist das Service mit dem Dekor des Roten Drachen, einem Muster nach chinesischem Vorbild, welches 1730 erstmals vom Königshof bestellt worden war und bis 1918 diesem vorbehalten blieb.

Schale mit dem Dekor des Roten Drachen, Meissen, um 1740, Schloss Moritzburg

Motive dieses Dekors sind die beiden ersten der vier Fabel- und Wundertiere der chinesischen Mythologie, Drache und Vogel. Der Drache bezieht sich auf den Kaiser, er ist Sinnbild der männlichen, Leben spendenden und aufstrebenden Naturkraft. Der »Fêng-huang«-Vogel ist das Wappentier der Kaiserin und verkörpert das Prinzip der Weiblichkeit. Er hat eine Mischgestalt aus Fasanenhahn und Pfau. Jede der fünf Farben seines Gefieders entspricht den fünf menschlichen Grundtugenden Güte, Treue, Disziplin, Weisheit und Vertrauen. In Kombination mit dem Drachen verkörpert er Segen, Glück und Frieden. Zwischen den sich kreisförmig drehenden Drachen liegen geometrische Ornamente, Elemente aus den »acht kostbaren Dingen«, bei denen es sich um Symbole buddhistischer Herkunft handelt: Bücher, Lochmünze, Klangstein, Rhinozeroshorn und flammendes Rad der Lehre. Auch die Farben besitzen Symbolkraft. Rot gilt als Dämonen abwehrend, Schutz bringend und Glück verheißend, Gold ist die Farbe der kaiserlichen Macht. Hinzu tritt das Weiß des Porzellans, es verkörpert Erleuchtung und Reinheit.

Der prachtvolle Aufsatz im Mittelpunkt der Tafel, gleichfalls eine Sonderanfertigung der Meissener Manufaktur, jedoch nicht originär zum Speiseservice gehörig, besteht aus einem großen Zitronenkorb und einem Ensemble von Kännchen, Dosen und Büchsen für Öl, Essig, Senf, Zucker sowie anderen Gewürzen auf einem gemeinsamen Untersatz. Modelliert wurde das Schaustück 1737 von dem bekannten Bildhauer und Porzellanmodelleur Johann Joachim Kaendler, der beispielsweise auch das berühmte »Schwanenservice« für den Grafen von Brühl schuf.

Zitronenkorb aus dem Tafelaufsatz mit chinesischen Figuren für Heinrich Graf von Brühl, Modell Johann Joachim Kaendler, 1737, Neuausformung 2005, Schloss Moritzburg

Die Gewürzgefäße haben die Gestalt von Chinesen oder »indianischen« Hühnern und Hähnen bzw. sind, ebenso wie der Zitronenkorb, mit ihnen dekoriert. Dieser nahm die kostbaren, großen Luxus verkörpernden Früchte im Ganzen auf, »*damit ein Jeder selbst ihren Saft über das Gebratene oder andere Speisen auf seinen Teller drücken möge*«, wie es uns Johann Georg Krünitz in seiner »Ökonomischen Enzyklopädie« überliefert. Zudem könne man die importierten bzw. in Gewächshäusern gezüchteten Zitronen seiner Empfehlung nach zu Gelee und Mus verarbeiten. Die Zuckerbäcker würden allerlei Konfekt aus ihren Schalen herstellen, diese beispielsweise »*zu Kränzchen winden, und mit Kanarienzucker zu kandierten Zitronenschalen*« machen. Geschickte Köche wüssten auch »*Zitronenbiskuit, Zitronensalat und andere Leckerbißchen*« zu kreieren.
Der Tafelaufsatz stand stets während der ersten beiden Gänge auf der festlichen Tafel und wurde erst zum Dessertgang ausgewechselt. Er war der einzige Gegenstand, der sich solitär auf der Tafel fand. Alle anderen Gefäße wurden paarweise oder in gerader Anzahl aufeinander abgestimmt, wobei man die gesamte Mittel-

Planskizze für eine Hoftafel im Festsaal von Schloss Moritzburg nach dem service à la française, Verbleib unbekannt

RECHTE SEITE
Nachgestellte Hoftafel im Festsaal von Schloss Moritzburg mit Meissener Porzellan nach dem service à la française

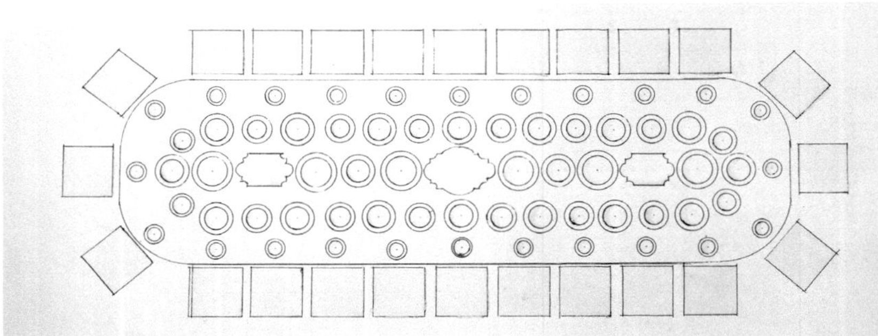

fläche der Tafel in doppelter Achsensymmetrie streng geometrisch aufteilte. Einen äußeren Ring um die dicht an dicht stehenden Schüsseln und Schalen bildeten die Speiseteller. Auf Letzteren lagen die einfach gefalteten Servietten, Brot und Teller bedeckend.

Bei diesem *service à la française* befanden sich also zahlreiche, unterschiedlichste Gerichte gleichzeitig in einem Gang auf der Tafel. Gläser standen, zumindest bei offiziellen Anlässen, nicht auf der gedeckten Tafel. Wer trinken wollte, wandte sich an einen Bediensteten, der das Getränk dann in einem Glas auf einer Kredenz servierte.

Nach diesem Prinzip ist auch die Porzellantafel im Festsaal dekoriert. Leider existiert keine bildliche Überlieferung einer barocken Hoftafel in Moritzburg, nur eine Planskizze nach dem *service à la française* . Somit kann es sich bei der Tafel im Festsaal nicht um die Rekonstruktion einer ehemals tatsächlich vorhandenen königlichen Hoftafel handeln. Ein solcher Versuch müsste eine Fiktion bleiben. Im Ergebnis der Annäherung an eine glanzvolle Periode sächsischer Geschichte und Kultur steht stattdessen die Dekoration des Saales im Stile barocker höfischer Tafelkultur. Vielleicht widerspricht eine gewisse Kargheit in der Gestaltung den Vorstellungen des einen oder anderen Betrachters von einer prachtvollen königlichen Tafel. Doch vergessen wir nicht, dass – mehr noch als die duftenden und vortrefflich arrangierten Speisen sowie die unendlich vielen strahlenden Kerzen – es die Menschen waren, die den Raum belebten und diesem Atmosphäre gaben. All dies können wir nur in unserer Phantasie lebendig werden lassen.

Archivalien und im Text nicht erwähnte Literatur

Hans Beschorner: Ernstes und Feuchtfröhliches vom Kurländer Palais. In: Dresdner Geschichtsblätter XXXV (1927), S. 180–191

Hans Beschorner: Augusts des Starken Leiden und Sterben. In: Neues Archiv für Sächsische Geschichte und Alterthumskunde 58 (1937), S. 48–84

André Blanc: F. C. Dancourt (1661–1725). La Comédie française à l'heure du soleil couchant, Tübingen, Paris 1984

Friedrich August Freiherr von ÔByrn: Johann Georg Chevalier de Saxe, Dresden 1876

Johann Christian Crell: Kurzgefasstes Sächsisches Kern-Chronicon, Bd. 1, Leipzig 1726, Nr. 36 Von extraordinairen Lustbarkeiten, so 1718 Mense Augusto in dem Königl. Jagd-Schlosse Moritzburg vor sich gegangen. – Bd. 2, Leipzig 1732, Nr. 137 Nachricht von denen neu angelegten 3 Jahrmärkten im Königl. Lustschloss Moritzburg

D. E. D.: Die Brillanten Fischerei auf dem Schlossteiche zu Moritzburg. In: Der Sammler für Geschichte und Alterthum, Kunst und Natur im Elbthale, Bd. II, Dresden 1837, S. 387–392

Moritz Fürstenau: Zur Geschichte der Musik und des Theaters am Hofe zu Dresden, Teil 2, Dresden 1862

Ralf Giermann: Sehnsucht nach Arkadien. Die Monumentalmalereien August des Starken im Schloss Moritzburg, Dresden 2000

Jørgen Hein: Der Mohrenkopfpokal von Christoph Jamnitzer. In: Münchner Jahrbuch der bildenden Kunst, 3. Folge Bd. LIII, München 2002, S. 163–174

Rudolf von Kyaw: Das Jagdschloß Moritzburg und seine Willkommenregister. In: Mitteilungen des Königlich Sächsischen Alterthumsvereins 24 (1874), S. 52–67

Johann Michael von Loen: Des Herrn von Loen gesammelte Kleine Schriften, Bd. 1, Leipzig 1750

Curt Rudolf Mengelberg: Giovanni Alberto Ristori. Ein Beitrag zur Geschichte italienischer Kunstherrschaft in Deutschland im 18. Jahrhundert, Leipzig 1916

Molière: Die Komödien der Jahre 1656–1664. Sämtliche Werke, Bd. 1, Hamburg 1948

Birger Graf Mörner: Maria Aurora von Königsmarck. En krönika. Stockholm 1914, deutsche Ausgabe München 1922

Karl Ludwig Wilhelm Freiherr von Pöllnitz: La Saxe galante, Amsterdam 1734, deutsche Ausgabe Dresden o. J.

Lorenz Seelig: »Ein Willkomme in der Form eines Mohrenkopfs von Silber getriebener Arbeit«. In: Der Mohrenkopfpokal von Christoph Jamnitzer, hrsg. von Renate Eikelmann, München 2002, S. 19–123

Hans Sonntag: Die Botschaft des Drachen. Ostasiatische Glückssymbole auf Meissener Porzellan, Leipzig 1993

Karl von Weber: Moritz, Graf von Sachsen, Leipzig 1863

Jon Manchip White: Lorbeer und Rosen. Graf Moritz von Sachsen, Maréchal de France, Tübingen 1962

Sächsisches Hauptstaatsarchiv Dresden:

- 10006 Oberhofmarschallamt, Lit. F Nr. 19. – Lit. G Nr. 17. – Lit. I Nr. 19, Beilage nach Bl. 305 (Abb. S. 7), Nr. 24, Nr. 26, Nr. 30, Nr. 58. – Lit. N I, Vol. 13, Nr. 16, Nr. 17. – Lit. T Cap. I 11, Nr. H
- 10010 Hausmarschallamt, Lit. R, Cap. XVI Nr. 67 Inventarium über Ihro Königl. Hoheit des Churfürsten zu Sachsen Lust- und Jagdschloss Moritzburg 1733
- 10036 Finanzarchiv, Loc. 32461 Rep. XX, Moritzburg Nr. 15 Inventarium über das Churfürstliche sächsische Schloss und Amt Moritzburg [...] 1671
- 10036 Finanzarchiv, Loc. 32451 Rep. XX, Nr. 205 Inventarium über sämtliche in denen Königl. Poln. und Churfürstl. Sächs. [...] Kellereien [...] 1729 vorrätig befundene Weine

Abbildungsnachweis

Dresden, Landesamt für Denkmalpflege Sachsen: S. 13 unten.
Dresden, Sächsische Landesbibliothek – Staats- und Universitätsbibliothek, Abt. Deutsche Fotothek: S. 12 (Foto M. Nowak), S. 17 (Foto R. Richter), S. 42 (Foto André Rous), S. 43 (Foto W. Möbius), S. 46 (Foto P. Wolff), S. 27.
Dresden, Sächsisches Hauptstaatsarchiv: S. 7, 41 (Foto Rainer Maßwig).
Dresden, Staatliche Kunstsammlungen Dresden: S. 19, 22, 32, 33 (Foto Hans-Peter Klut), S. 11, 36 (Foto Elke Estel/ Hans-Peter Klut), S. 25 (Foto Ch. Franz).
Karlsruhe, Staatliche Kunsthalle: S. 18.
Moritzburg, Schloss Moritzburg: S. 8, 13 oben, 16, 23, 30, 31, 39 (Foto Jürgen Karpinski), Frontispiz, S. 14, 28, 34, 38, 40, 44, 45, 47 (Foto Werner Lieberknecht), S. 9, 26 (Foto Hans-Peter Klut).
München, Bayerisches Nationalmuseum: S. 4.

Abkürzungen

SächsHStA Dresden: Sächsisches Hauptstaatsarchiv Dresden
SKD: Staatliche Kunstsammlungen Dresden
SLUB: Sächsische Landesbibliothek – Staats- und Universitätsbibliothek Dresden
SLUB/Dt. Fotothek: Sächsische Landesbibliothek – Staats- und Universitätsbibliothek Dresden, Abt. Deutsche Fotothek

Impressum

Herausgeber: Schloss Moritzburg
Gestaltung: Simone Antonia Deutsch
Satz und Reprografie: Michel Sandstein, Grafischer Betrieb und Verlagsgesellschaft mbH, Dresden
Druck: Stoba-Druck GmbH, Lampertswalde
ISBN 3-937602-34-8